이왕이면
확실하게
행복하기로 했다

이왕이면 확실하게 행복하기로 했다

초판 1쇄 인쇄일 | 2018년 11월 21일   초판 1쇄 발행일 | 2018년 11월 26일

지은이 | 이시카와 요시키, 요시다 히사노리
옮긴이 | 이현욱
펴낸이 | 강창용
기획편집 | 이윤희
디 자 인 | 가혜순
책임영업 | 최대현

펴낸곳 | 느낌이있는책
출판등록 | 1998년 5월 16일 제10-1588
주 소 | 경기도 고양시 일산동구 중앙로 1233(현대타운빌) 1210호
전 화 | (代)031-932-7474
팩 스 | 031-932-5962
이메일 | feelbooks@naver.com
포스트 | http://post.naver.com/feelbooksplus
페이스북 | http://www.facebook.com/feelbooksss

ISBN 979-11-6195-076-1   03190

* 책값은 뒤 표지에 있습니다.
* 잘못된 책은 구입처에서 교환해 드립니다.

이 도서의 국립중앙도서관 출판예정도서목록(CIP)은 서지정보유통
지원시스템 홈페이지(http://seoji.nl.go.kr)와 국가자료종합목록시스
템(http://www.nl.go.kr/kolisnet)에서 이용하실 수 있습니다.
(CIP제어번호 : CIP2018035434)

두근거리며 눈뜨고
흡족하게 잠들기 위한 인생 스킬

이왕이면 확실하게
행복하기로 했다

이시카와 요시키, 요시다 히사노리 지음 | 이현욱 옮김

느낌있는책

인생을 '그냥저냥' 살지 않기 위하여

과학과 종교의 차이는 무엇일까?

이 질문에 대해 생각하던 대학생 시절, 칼 포퍼라는 철학자의 존재를 알게 되었다. 칼 포퍼의 주장을 간단하게 설명하자면 '세계는 신이 창조했다. 이 사실 자체를 설명할 필요는 없다'라는 게 종교이며, 이에 반해 '신이 창조했을지는 모르지만 조사해보니 빅뱅이라는 것이 옛날에 있었고요. 보세요, 여기 증거가……'라고 말하는 것이 과학이란 이야기다.

즉 과학이란 '새로운 사실을 발견했을 때 지금까지의 가설이 잘못되었다고 교리를 수정할 수 있는 유일한 종교'다. 멋지게 표현하자면 과학에는 '반증 가능성'이 있다.

나의 본업은 아나운서로 과학에 관한 해박한 지식은 없다. 하지만 예전부터 내 안에는 과학을 인생에 응용할 수 있을 것 같은 느낌이 있었다. 엄청난 양의 지식이 업데이트되는 과학을 빌어 인생을 행복하게 만드는 방법을 취급 가능한 형태로 알려줄 과학자가 있으면 좋겠다고 생각했다. 그러다 이시카와 씨를 만나게 되었다.

이시카와 씨는 예방의학 연구자로 도쿄대학교 의학부를 졸업하고 하버드대학교 대학원에서도 공부한 엄청난 엘리트다. 경력 자체로도 훌륭하지만, 그 이상으로 대단하다고 생각한 것은 이시카와 씨의 이야기가 나를 두근거리게 만들었기 때문이다. 이시카와 씨는 '친구의 수'와 '수명'의 연결 고리를 최신 예방의학으로 발견하는 등 그동안 생각하지 못했던 다양한 삶의 부분을 과학적으로 분석했다. 하여 그와 함께라면 세상의 다양한 문제를 과학적 시선, 객관적 시선으로 바라보고 해답을 찾을 수 있지 않을까 생각했다.

아마 사람들 대다수는 삶에 대한 특별한 고민 없이 '그냥저냥 만족'하면서 살고 있을지도 모른다. 사회적 평가나 지위 같은 외부 시선을 기준으로 한다면 '그냥저냥' 만족하는 것이 큰 문제가 아닐 것이다. 하지만 자신의 인생에 대한 실감, 손에 느껴지는 감각을 기준으로 생각했을 때 '그냥저냥' 지내는 정도로 만족할 사람은 드물 것이다.

판결이 확정된 사형수가 가장 인정하고 싶지 않은 것은 '자신의 인생에 의미가 없을지도 모른다는 생각'이라고 한다. 자신의 죄를 인정하고 받아들인다 해도 인생 자체를 생각했을 때는 큰 회한이 찾아온다고 한다.

우리 인생도 결국 마찬가지다. 부자가 되거나 성공하는 것이 아니라 자신의 인생에 의미가 있다/있었다는 실감을 모두 강렬하게 원한다.

이 책에 이시카와 씨와의 대담을 통해 '인생을 그냥저냥 살지 않도록' 할 방법을 잔뜩 채워 넣었다. 이시카와 씨는 과학자로 과학자는 연구 결과와 지식을 근거로 제시하는 사람이다. 그래서 정신론이나 해석론은 말하지 않았으며 객관적 데이터를 기본으로 삼았다.

우리는 종종, 나이가 들고 경험이 쌓이면 삶에 의미를 찾거나 행복을 발견하는 기술도 나아질 거라 오해한다. 하지만 어른이 되어서도 시야가 좁은 경우가 많으며 행복하지 않았던 경험을 근거로 삼아 행복 자체를 외면하기 쉽다. 또 자신의 행복이 무엇인지 모르기도 한다. 이것이 모이면 인생의 의미가 없다고 생각해버리거나 굳이 행복해야 할 필요를 못 느끼기도 한다.

혹시 당신이 지금 이런 상태라면, 혹은 언젠가 이런 상황에 처한다면 이 책이 그곳에서 빠져나올 구체적인 방법을 과학적으로, 그리고 실천 가능한 형태로 제시해줄 것이다. 부디 이 책이 당신의 삶에 위로와 도움이 되길 바란다.

닛폰방송 아나운서
요시다 히사노리

차례

**1장
감정
바라보기**

두근거리며 눈뜨고 흡족하게 잠들기 위하여

1

감정 바라보기

. . .

두근거리며 눈뜨고
흡족하게
잠들기 위하여

누구에게나 통하는
행복 스킬이 있을까?

요시다 '인생을 행복하게 만드는 스킬'이라는 것은 어쩐지 믿음이 가지 않아요. 뭔가 딱 하나로 정리되지 않잖 아요? 하지만 그런 스킬이 존재하지 않는다고도 생각 하지 않아요. 개인이 행복해지는 방법은 분명히 있다 고 믿어요. 다만 각자의 상황에 맞는 방식이 있을 뿐 이죠. 저는 보편적인, 그러니까 누구나 사용할 수 있 는 방법을 찾고 싶어요. 그리고 그런 방법을 가장 잘 알고 있을 것 같은 사람은 이시카와 씨 같은 '과학자' 란 생각이 들었어요.

이시카와 정말 영광이네요. 왜 그렇게 생각하셨죠?

요시다 과학의 시각이라는 것은 틀이 아주 크잖아요. 저는 대학교에서 인간과학을 공부했는데, 그때 필수 도서 로 읽은 데즈먼드 모리스의 《털 없는 원숭이》*가 정

---

* 영국의 동물학자 데즈먼드 모리스가 쓴 도서로 인간을 동물 중 하나, 즉 '종'으로 보고 진화에 대해 다루었다. 다윈의 진화론을 바탕으로 한다.

말 재미있었어요. 예를 들어 외계인이 지구에 온다면 '이건 고래라는 생물이다', '이건 말이라는 생물이다'라는 식으로 관찰하겠죠? 이때 인간만 특별 취급을 하지는 않을 거예요. '인간은 유인원의 한 종류다', '이 유인원은 머리카락 외에는 털이 없다', '털 없는 유인원이다'라고 기술할 겁니다. '밤에 자고 아침에 일어난다'라든지 '기본적으로는 일부일처제지만 일부에서는 그렇지 않은 예도 있다'라든지…… 이런 게 과학적 시각 아닐까요?

이시카와 네, 그렇죠.

요시다 엄청나게 재미있는 관점이라고 생각했어요. 보편적이고 객관적이죠. 그런데 인간은 평소 이런 과학적인 시각을 염두에 두지 않아요. 각자 처한 상황과 성격에 따라 생각하고 행동하죠. 그래서 각각 느끼는 행복도 다르고요. 하지만 넓게 보면 인간은 '털 없는 원숭이'이고 사는 데 필요한 것도 모두 같아요. 이게 과학적이고 객관적 시각이죠. 그렇기 때문에 과학적으로 '행복'에 다가갈 수 있다면 모두가 활용할 수 있는 에너지나 지혜가 될 거라 생각했어요.

두근거리며 눈을 뜨고
흡족한 기분으로 잠들기

이시카와　저는 '예방의학', 그러니까 인간이 보다 잘 살기 위해 어떻게 하면 되는지 알아내는 학문을 연구해요. 제 연구의 최종 목표는 '아침에 두근거리며 눈을 뜨고 밤에 흡족한 기분으로 잠드는 것'입니다.

요시다　'아침에 두근거리며 눈을 뜨고 밤에 흡족한 기분으로 잠든다'라…… 정말 구체적이고 좋은 목표네요. 어떻게 그런 목표를 세우게 됐는지 알고 싶습니다.

이시카와　그동안 인류를 괴롭혀 온 것은 빈곤과 질병입니다. 전쟁이 가장 나쁘다고 말하는 사람도 있지만, 대체로 전사자보다 질병이나 빈곤 때문에 죽은 사람이 압도적으로 많아요. 인류는 수천 년이라는 시간 동안 질병과 빈곤의 많은 부분을 극복해왔습니다. 그 과정에서 생긴 것 중 하나가 질병을 치료하는 '임상의학'과 병에 잘 걸리지 않도록 심신을 유지하게 돕는 '예방의학'이지요.

요시다 　확실히 의학이 많이 발달했죠. 그래서 일찍 세상을 떠나는 사람도 줄었고요.

이시카와 　맞습니다. 그래서 빈곤과 질병을 웬만큼 극복한 지금, '아침에 두근거리며 눈을 뜨고 밤에 흡족한 기분으로 잠든다'는 주제에 본격적으로 뛰어들게 되었습니다. 질병 예방을 넘어서 삶의 질과 행복을 연구하게 된 거죠.

요시다 　구체적으로는 어떤 연구를 하세요?

이시카와 　건강하고 행복한 삶을 위해 어떤 행동을 해야 하는지 연구합니다. 그리고 지금 현재 환경을 조절할 수 없다면 감정을 조절하는 방법을 생각하기도 합니다. 일상을 행복하게 만드는 두근거림을 만들어가는 거죠. 예를 들어 일본의 여름은 매우 더운데 그 상황을 어떻게 하면 즐길 수 있을지 같은 겁니다.

요시다 　와, 그런데 더위를 즐길 수도 있나요?

이시카와 　먼저 덥다고 짜증을 내기 전에 그 기분을 높은 위치에서 내려다보는 거예요. '내가 지금 덥다고 느끼고 있구나' 하고요. 뇌가 덥다는 느낌에 사로잡히기 전에 조금 여유를 주는 것입니다. 감정에 떨어져서 바라보면 내 상태가 보이고 주변이 보여요. 그리고 여유를 가지고 주위를 둘러보면 여름을 즐기고 있는 사람들도 찾을 수 있습니다. 바로 아이들이죠.

요시다   아, 아이들!

이시카와   아이들은 에스컬레이터와 계단이 있으면 계단을 선택해요. 엄마와 손을 잡고 있다가도 뿌리치고 뛰어서 계단을 올라가지요. 저도 그걸 보고 따라서 계단으로 올라가 봤어요. 지치더라고요. 그래도 즐거웠습니다.

요시다   이해가 돼요.

이시카와   더운 여름이라도 마음먹고 몸을 움직이다 보면 뇌에서 엔도르핀이 나와서 즐거워집니다. '아, 이렇게 즐기면 되는구나' 하는 것을 아이들이 가르쳐줬죠. 이걸로 두근거리는 마음이 하나 생긴 거죠. 이런 식으로 두근거림을 하나씩 쌓아가는 겁니다. 되도록 자주요. 그러다 보면 흡족한 마음으로 잠드는 나날도 늘게 돼요.

18

．
．
．

더운 여름이라도 몸을 움직이면
뇌에서 엔도르핀이 나와서 즐거워집니다.
두근거림이 하나 생긴 거죠.
이런 식으로 두근거림을 하나씩 쌓아가다 보면
흡족한 마음으로 잠드는 나날도 늘게 돼요.

긍정과 부정 모두
역할과 의미가 있어

요시다   흔히 행복을 방해하는 요소로 '부정적인 감정'을 꼽습니다. 그리고 저도 긍정적인 것이 인생의 궁극적인 가치라고 생각하고요. '두근거림'이나 '흡족한 마음'도 사실 분류하자면 긍정적인 감정 아닐까요? 그리고 보니 저는 '슬픔' '분노' '억울함' 같은 부정적인 감정이 들면 '내가 졌다' '실패했다' 같은 패배감도 찾아와서 마음이 불편해집니다. 인생이 꼭 이기고 지는 건 아니지만요.

이시카와   그럴까요? 부정적인 감정이 필요할 때도 많습니다. 그리고 자연스러운 현상이니 억누르거나 피하지 않아도 됩니다. 감정은 모두 역할이 있고 부정적 감정 뒤에 행복을 느끼는 경우도 많습니다. 조금 이야기가 달라지는데, 저는 2살인 제 아이가 우는 걸 보고 같이 우는 경우가 종종 있어요. 엉엉 우는 아이 옆에서 저도 같이 엉엉 우는 거죠.

요시다	왜 같이 우는 거죠?
이시카와	저는 인생에서 반드시 습득해야 할 기술이 감정 조절이라고 생각합니다. 부정적인 감정은 수시로 찾아옵니다. 영원히 없앨 수는 없어요. 그럴 필요도 없고요. 그렇다면 잘 다독여서 에너지로 써야 합니다. 이 감정 조절만 어느 정도 할 수 있다면 살아가는 데 자신감도 생길 거라 생각해요.
요시다	그렇다고 같이 울다니 흔치 않은 방법이에요. 이시카와 씨가 같이 울면 아이는 어떤 반응을 보이나요?
이시카와	아이들은 따라 하잖아요. 그래서 우는 상태에서 어떻게 원래 상태로 돌아오는지를 보여주면서 따라하기를 기다립니다. 울다가 서서히 호흡을 가다듬고 진정하면서 평정을 되찾죠. 이 모습을 아내가 굉장히 냉소적으로 쳐다봅니다.
요시다	당연히 그렇겠죠.
이시카와	처음 같이 울면 아이는 제 모습을 보고 깜짝 놀랍니다. 놀란 얼굴이 어찌나 진지한지 웃기기까지 해요. 그런데 울다가 눈물을 멈추고 원래대로 돌아오는 모습을 보여주면 아이들은 거기서 무언가를 배웁니다.

내가 떼를 써도 안 되는 게 있다거나, 아니면 부모도 슬픔이 있다거나, 울어도 다시 즐거울 수 있다거나, 실컷 울고 나니 스트레스가 사라졌다거나 다양하죠. 저는 아이에게 슬픔에서 기쁨으로 돌아오는 과정을 계속 보여주는 게 중요하다 생각합니다. 슬픔을 달래서 없애주는 그 자체가 아니라요.

또 부정적인 감정을 얼마나 잘 조절하느냐가 행복과 관련이 있다고 생각합니다. 살아가면서 항상 좋은 기분일 수는 없지요. 내가 긍정적 감정을 유지하려고 해도 환경이 가만 놔두질 않습니다. 이럴 때 애써 부정적 감정을 떨쳐버리려고 하면 오히려 감정이 나를 붙잡으면서 몸집을 불립니다. 하지만 '내가 지금 화가 났구나. 쉽게 사그라들진 않을 거야. 하지만 나는 화풀이를 다른 사람에게 하지 않겠어. 시간을 갖고 침착해지자'라고 감정을 조절하면 부정적인 감정이 조금씩 덤덤해집니다. 덤덤해지면 감정의 원인과도 마주할 용기가 생기죠.

사람들은 살아남기 위해
긍정을 사랑해왔다

요시다 저는 과학적으로 '기분 좋은 상태', 그러니까 행복한 느낌을 만드는 법을 배우고 싶습니다. 그런데 요즘 세상에는 '부정적인 감정'이 압도적으로 많은 것 같아요. 기본적으로 사람들이 분노에 차 있다고 해야 할까요? 도대체 언제부터 왜 그럴까 생각해봤습니다. 우리가 취업 준비를 하던 90년대는 이른바 '취업 빙하기'였죠. 거품경제가 붕괴된 후 계속 경기가 나빠져서 사회문제라고 모두가 말하던 시기였습니다. 그런데 저는 그때도 '불경기가 그렇게 큰 문제인가?' 하고 생각했습니다. 거리에서 물건이 사라지는 것도 아니고 갑자기 전기가 끊긴 것도 아니었거든요. 기본적인 생존이 힘들어진 건 아니었단 거죠.

문제의 본질이 무엇인지 살피다가 '아, 이건 모두가 불쾌하게 느껴서 좋지 않은 거구나'라는 생각이 들었습니다. 불경기의 본질은 불쾌함이라는 사실을 깨달은 거죠. 게임의 난이도가 너무 높아졌다고 할까, 대다수의 사람에게 어렵지 않았던 레벨이 너무 높아져 버린 거예요. 물론 가난해도 행복한 사람도 많고 불경기여도 행복도가 높은 나라도 많습니다. 그런데 경제 호황 속에 살다가 갑자기 어려워진 사람들의 불쾌감은 복잡해요.

이시카와 그런 연구 결과가 있어요. 모두가 기운을 내서 경제가 좋아지는 것인지, 경제가 좋아서 모두가 기운이 나는 것인지 연구한 것이죠. 결과적으로는 기분 좋은 상태가 먼저라는 사실이 밝혀졌습니다. 먼저 사람들이 기운을 내야 경제가 좋아집니다. 이것을 실천에 옮긴 나라가 바로 아이슬란드입니다. 총리를 비롯해 모두가 '기운을 내자! 그러다 보면 경기도 좋아질 거니까!'라고 이겨낸 거죠.

요시다 무슨 뜻인지 알 것 같아요. 하지만 불경기임에도 불구하고 과학적으로 '기분 좋은 상태'를 만드는 방법이 있다면 꼭 알고 싶습니다.

이시카와 의도는 잘 알겠지만, 과학자의 입장에서 좋은 기분이 정답이고 불쾌한 기분이 오답이라고는 생각하지 않습니다. 좋은 감정과 나쁜 감정이 있는 것이 아니라 모든 감정에는 각각의 역할이 있다고 봐요. 예를 들어, 부정적인 감정에 빠졌다면 내가 놓인 상황을 다각도에서 살펴볼 수 있습니다. 혹시나 하는 마음에 점검하는 거죠.

요시다   그건 그래요. 확실히 항상 기분 좋은 사람이라면 빈틈없이 체크할 거란 느낌은 안 듭니다.

이시카와   그렇죠? 그런 사람들은 무언가를 놓치기 쉽습니다. 본래 인류에게 가장 먼저 있었던 감정은 '이건 위험해!'입니다. 짐승을 사냥하고 채집하다가 눈앞의 위기가 나타나면 극복하기 위해 생겨난 감정이지요. 그중에서 가장 대표적인 것이 '분노'와 '공포'입니다.
사람은 공포를 느끼면 눈앞의 위험을 과대평가해서 굉장히 신중하게 판단합니다. 반대로 분노를 느끼면 낙관적으로 되지요. 강한 적이 나타났을 때 공포를 느끼면 도망을 가지만 분노를 느끼면 맞서 싸웁니다. 분노는 낙관적인 사고로 이어지고, 공포는 논리적인 사고로 이어집니다.

요시다   아, 그렇군요! 그러면 긍정적인 감정은요?

이시카와 '행복'은 '분노'와 꽤 비슷해서 양쪽 모두 낙관적인 사고법이라고 할 수 있어요. 단지 시간축이 달라서 긍정적인 감정이 더 중장기적으로 작용합니다.

요시다 부정적인 감정은 눈앞에 닥친 일을, 긍정적인 감정은 중장기적으로 생각하게 한다?

이시카와 꿈이나 희망을 떠올려 보세요. 모두 단기간에 이룰 수 없는 것들이에요. 인간은 중장기적으로 살아남기 위해 긍정적인 감정을 만들어냈다고도 합니다. 그렇게 생각하면 역시 모든 감정에는 의미가 있고, 특정 감정으로 치우치는 것은 좋지 않다고 생각합니다.

내게 생겨난 감정이 부정이든 긍정이든 모두 자연스럽게 찾아온 것들입니다. 그 감정을 억지로 없애거나 키우는 대신 감정이 품은 역할을 잘 해내도록 만드는 것이 더 필요하다 생각해요.

사람은 공포를 느끼면
굉장히 신중하게 판단합니다.
반대로 분노를 느끼면 낙관적으로 되지요.
강한 적이 나타났을 때 공포를 느끼면 도망을 가지만
분노를 느끼면 맞서 싸웁니다.

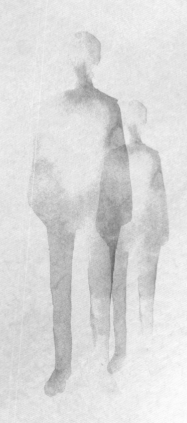

시시때때로 나를 지켜주는
불편한 감정

이시카와   저는 자주 '감정 되돌아보기'를 합니다. 부정적인 감정과 긍정적인 감정을 종이에 써보고 최근 어떤 감정을 느꼈는지 체크합니다. 그리고 체크가 되지 않은 감정을 체험하는 거죠.

요시다   모든 감정을 빠짐없이 느껴보는 건가요? 구체적으로 어떻게 '감정을 체험'하죠?

이시카와   작년 말에는 갑자기 '최근에 공포감을 느낀 적이 없네' 하는 생각이 들었어요. 그래서 일부러 공포 영화를 봤습니다. 무서웠지만 극장에서 나오면서 후련하고 즐거운 기분이 들었지요.

인간은 급격한 자극을 받은 다음 자극에서 벗어나면 뇌가 '존(Zone)'이라 불리는 상태가 되고 굉장히 창의적으로 변합니다. 그런 의미에서도 다양한 감정을 느끼는 것이 중요하다고 생각해요. 감정과 사고는 연결되어 있기 때문에 다양한 감정을 느끼면 세상을 여러 각도에서 바라볼 수 있지요.

요시다   네, 과학자로서 창의력을 발휘하기 위해 다양한 감정이 필요하다는 것은 알겠어요. 부정하지 않겠습니다. 그런데 저는 '부정적 감정, 이를테면 화내지 않는 게 더 좋지 않을까?'라는 입장입니다. 제가 읽은 아들러 심리학 책에는 '최근 몇 년 동안 화를 내지 않았다. 아들러 심리학을 배우고 나서는 화를 내지 않는다'라고 쓰여 있었어요. 저도 화를 내지 않고 불쾌하지도 않은 상태가 이어지는 쪽이 더 좋을 것 같다는 생각이 듭니다.

이시카와   그것은 저자가 '분노'라는 감정을 적대시하는 것이 아닐까요? 저는 모든 감정을 부정하지 않는 입장입니다. 물론 불필요하게 화를 낼 필요는 없지만요.

요시다   아, 그런 걸까요. 화를 내야 할 상황에서 적절하게 '분노'할 수 있으면 좋다는 거죠?

이시카와   아마 그 저자도 '불필요하게 화를 내는 일'이 사라진 것 아닐까요? 아들러 심리학이나 좌선이 감정을 억압한다고 오해받는 일이 많은 것 같아요. 저는 불교처럼 감정 초월을 목표로 하는 것까지는 아니더라도 감정

	을 되도록 조절할 수 있는 편이 좋다고 생각합니다.
요시다	납득되는 부분도 있지만 지금의 세상은 불필요한 분노나 불쾌함이 넘쳐난다는 느낌이 듭니다. 저는 분노나 공포를 느낀다면, 이미 그 시점에서 자신에게 마이너스가 된다고 생각해요. 그런 것이 좋지 않다고 느끼고요. 두근거리는 마음만 가지고 살고 싶어요.
이시카와	하지만 다급한 상황을 해결하는 데는 '분노'가 매우 중요합니다. 분노나 공포가 사람의 사고를 촉진해서 특별한 생각을 만들어내기 때문이지요.
요시다	그런데 분노에 사로잡힌 스님은 본 적이 없어요.
이시카와	스님도 절이나 불상을 누가 부숴버리면 화를 내지 않을까요? 아주 소중하게 생각하는 것이니까요. 분노라는 건 자신이 무엇을 소중하게 생각하는지 가르쳐주는 감정이기도 합니다. 그러니까 화를 내지 않는다는 건 소중하게 생각하는 게 없는 상태라고도 할 수 있어요. 또는 소중하게 생각하는 것이 위협받는 상태가 아니거나. 분노는 인류가 사회를 만들고 발전시켜온 하나의 동력이 되기도 했습니다. 공포는 위험에서 나를 보호해주었고요. 자연스럽고 필요한 감정이에요.

하버드대학교의
'감정 체크리스트'

요시다   그런데 조금 전에 말씀하신 '감정 체크리스트'란 무엇인가요?

이시카와   이것입니다. 부정적인 감정과 긍정적인 감정이 각각 6개씩, 총 12개가 있습니다.

요시다   이건 어떤 이론에 근거해서 12개가 된 건가요? 이시카와 씨가 독자적으로 개발한 건가요?

이시카와   하버드대학교에 의사결정센터라는 곳이 있어요. 거기서는 감정과 의사결정에 관한 연구를 합니다. 그곳에서 만든 분류표입니다. 이 표에는 감정만 표시했지만, 원래 표에는 각각의 감정에서 어떤 사고 패턴이 일어나기 쉬운지도 나와 있어요.

부정적인 감정	분노	초조함	슬픔	부끄러움	죄의식	불안·공포
긍정적인 감정	행복	자부심	안심	감사	희망	놀라움

하버드대학교 의사결정센터가 만든 '감정의 분류'

요시다 　이시카와 씨가 조금 전에 말한 공포를 느끼면 논리적
이 된다는 것 같은 거요?

이시카와 　맞아요. 예를 들어 죄의식, 그러니까 미안함을 느끼면
상대를 쉽게 믿거나 도와주려고 합니다. 이 표를 보
면 대인관계의 특징을 알 수 있습니다. 저는 이 표를
정기적으로 보고 있어요.

요시다 　재밌네요. 어떤 유명 작사가가 가끔 일부러 싫어하는
사람을 만난다고 한 적이 있어요. 만나보면 역시 싫
다고 생각하고 돌아온다고 해요. 그런 것과 비슷하게
느껴집니다.

이시카와 　그건 '싫다'라는 자신의 감정과 마주하는 거네요. 싫
다는 감정의 정체를 찾는 거죠. 이 표를 보면 꽤 재미
있습니다. 자신이 어떤 감정으로 치우쳐 있는지 알
수 있거든요. 예를 들어 '부끄러움'이라는 감정은 저
는 최근에 거의 느낀 적이 없어요. 하지만 놀라움은
자주 경험하죠.

절망이란 경험 후에
'희망'의 힘은 세진다

요시다   표를 보면 '희망'이라는 칸이 있는데, 이건 어떤 감정
이죠?

이시카와   '희망'은 긍정적인 감정 중에서도 특히 재미있는 감
정이에요. 부정적 감정인 '절망'을 경험한 사람이 잘
느끼는 감정입니다.

요시다   그렇군요. 처음부터 희망이 넘치는 사람은 없군요.

이시카와   절망을 경험한 후 마치 트램펄린에서 뛰는 것처럼
'희망'이 솟아오르는 거죠. 물론 낙관적으로 타고난
사람은 희망도 잘 품습니다. 하지만 절망 후에 느끼
는 희망처럼 강렬하지는 못해요.

요시다   더 간절해지죠.

이시카와   예전에는 이 표도 '긍정적인 감정'과 '부정적인 감정'
밖에 없었어요. 지금보다 훨씬 대략적인 분류였죠.
그것을 더 자세하게 만든 겁니다. 과학은 기본적으
로 분류하는 거니까요. 그래도 원소의 주기율표 같은

희망은 긍정적인 감정 중에도 특히 재미있는 감정이에요.

절망을 경험한 후 트램펄린에서 '희망'이 솟아오르는 거죠.

타고나길 낙관적인 사람은 희망도 잘 품습니다.

하지만 절망 후에 느끼는 희망처럼 강렬하지는 못해요.

'감정의 주기율표'는 아직 없습니다.

요시다   감정의 주기율표?

이시카와   언젠가는 만들어야 할 것 같아요. 원소의 주기율표도 고대 그리스의 흙, 불, 물, 공기라는 네 가지 요소에서 시작해서 천몇백 년의 시간이 흘러 드디어 지금의 분류표가 완성된 거예요. 감정의 주기율표가 만들어지면 아마도 원소의 주기율표와 같은 일이 일어날 겁니다. 예를 들어 '이런 감정도 있을 것이다' 같이 지금까지 인류가 경험하지 않았던 감정을 예측할 수 있게 되는 거죠.

요시다   인류가 경험한 적 없는 감정이라……. 그건 뇌의 활동영역과 관계가 있나요? 감정의 주기율표에서 근거를 찾는다고 하면 뇌의 전기반응 패턴이 아닐까 하는 생각도 들어요.

이시카와   감정은 뇌가 느끼는 것이니까 그럴지도 몰라요. 한편에서는 인식이나 해석의 문제도 있다고 생각합니다. 같은 스트레스를 받아도, 이 스트레스를 내가 초조한 이유라고 생각하는 사람이 있는 반면 그것을 감사하게 생각하는 사람도 있어요. 예를 들어 투병 중에 아픔을 느끼면 마음까지 고통스러워 하는 사람도 있지만 '아픔은 살아 있다는 증거'라고 감사하는 사람도 있으니까요. 이런 해석의 차이는 존재하죠.

요시다   맞습니다. 좋은 일이 생기면 있는 그대로 받아들이고 감사하게 생각하는 사람이 있는 반면 '이런 좋은 일이 계속 이어질 리가 없어' 하고 불안해하는 사람도 있지요. 해석도 감정의 움직임에 따라 생기는 전기반응일까요? 그런데 이 감정 분류표도 현시점에서 미완성인가요?

이시카와   네, 이 표도 완전한 형태라고 할 수 없어요. 여기에는 없지만 '즐거움'이라는 긍정적인 감정이 있잖아요. 그런데 '즐거움'이 정확히 어떤 감정인지 과학적으로 아직 확실히 밝혀진 것은 없습니다. 영어로는 'enjoyment'지만, '즐거움이 꼭 행복과 관련 있는 조합인가?'라는 것도 아직 연구 단계에 있습니다. 생각해 보면 즐거움은 복잡합니다. '재미'인지 '쾌락'인지도 모호하고요.

요시다   어떤 의미인지 알겠어요. 저는 개인적으로 '즐겁게 보내라'라는 말이 싫어요. 라디오를 듣다 보면 '즐거

운 시간 보내라'고 말하는 사람이 있는데, '즐겁다'는
것은 과정이라기보다 결과에 가깝잖아요.

어떤 행위를 했는데 즐겁지 않을 수도 있어요. 충분히
노력했는데도요. 나 때문일 수도 있고 상대 때문일 수
도 있잖아요. 행위가 즐거움으로 이어질지 아닐지도
모르는데 무책임하다는 생각도 조금 들었습니다.

이 표를 보니 사람이 느끼는 감정이란 게 새삼스럽게
느껴지네요. 그렇다면 이 감정 조절은 어떻게 해야
하나요? 순간 느끼는 감정을 참거나 외면하는 것은
아닐 것 같습니다.

이시카와 맞습니다. 참는 게 아니라 오히려 자주 만나보고 다
양하게 느껴봐야 합니다. 그리고 감정에 휘둘리기보
다 다루어야 합니다.

제가 하는 연구 중에 '습관화'라는 것이 있습니다. 어
떤 일을 시작할 때의 감정은 '희망(hope)'과 '두려움
(fear)' 중 하나라고 합니다. 그런데 시작 단계를 넘어
서면 이 두 가지만으로는 지속되기 어려워요. 기쁨이
나 재미 같은 다른 감정도 필요합니다. 그리고 최종
적으로 습관이 되어버리면 더 이상 아무것도 느끼지

않는 상태가 되지요. 이런 상태가 되는 과정을 연구합니다.

요시다 　무(無)? 감정이 생기지 않는 것인가요?

이시카와 　양치질할 때 아무런 감정이 느껴지지 않죠? 습관화란 그 정도 수준을 말합니다. 그 정도가 되면 무의식에서의 습관화가 되는 거죠. 이걸 반대로 말하면 무언가에 습관화가 잘되는 사람은 감정 조절도 능숙하게 해낼 수 있는 사람입니다.

요시다 　'희망'이나 '두려움'으로 시작해서 '기쁨'이나 '재미'가 필요한 거군요. '두려움'을 제외하면 모두 긍정적인 감정이네요.

이시카와 　'희망'도 절망을 경험해야 강해지는 감정이지요.

요시다 　아, 그렇군요. 어쨌든 감정 분류표로 감정을 되돌아보는 습관을 들이면 자신의 감정을 점검할 힘이 생길 것 같아요. 감정을 조절하기 위한 첫걸음처럼 느껴집니다.

창의력이 필요할 때는 긍정이
전략을 짤 때는 부정이

요시다　저는 일을 할 때마다 항상 두세 개 정도의 문제가 생기는데요, 문제가 발생하는 순간 약간 두근거림이 느껴져요.

이시카와　예측불가능성을 즐기는 것이네요. 아마도 '해결할 수 있다'는 자신감이 있기 때문일 거예요. 분명히 어떻게든 될 것이고, 안 돼도 상관없다는 자신감이 있는 거죠.

요시다　맞아요. 죽을 정도가 아니라면 진 게 아니라고 생각하는 거죠.

이시카와　그것이 바로 감정 조절입니다. 감정이란 자연스럽게 생기는 것이기 때문에 그것을 다른 감정으로 변환하는 것은 사실 굉장한 고도의 기술이지요. 요시다 씨는 아마도 그 변환을 무의식적으로 하고 있을 거예요. 하지만 예전에는 분명 '큰일 났네. 어쩌지?' 하고 생각하던, 불안한 시기가 있었을 거예요.

요시다	맞습니다. 예전에는 그랬죠. 하지만 지금은 문제가 생기면 '큰일 났네. 어쩌지? 해결해야지 뭐!' 이렇게 생각해요. 감정을 조절하는지는 잘 모르겠지만 행동이나 상황은 제어할 수 있다는 확신이 있으니까요.
이시카와	저는 학생 때 라크로스(라켓을 사용해서 하는 하키 비슷한 구기)를 했어요. 그런데 좀처럼 주전 선수가 되지 못했지요. 스스로는 어느 정도 괜찮게 한다고 생각하고 있었기 때문에 왜 주전이 되지 못하는지 의아했습니다. 그런데 어느 날, 선배에게 이런 말을 들었어요. "너 스스로 실력 없다고 생각해 본 적 없지? 사람은 진지하게 자기 자신이 부족하다고 생각하는 순간 성장하는 거야."
요시다	그래서 어떻게 되었나요?
이시카와	맞는 말이라고 납득했습니다. 그래도 좀 침울해져서 고개를 푹 숙이고 계단에 주저앉았지요.
요시다	전형적인 침울한 포즈네요.
이시카와	맞습니다. 그런데 그런 포즈를 하면 진짜 침울한 기분이 들어서 나 자신을 똑바로 볼 수 있어요. 행동과 사고, 감정은 이어져 있으니까요. 그땐 그걸 알고 그

런 것은 아닙니다만 어쨌든 저와 마주하는 계기가 되었습니다. 사람은 아래를 바라보면 부정적이 되고 위를 바라보면 긍정적이 됩니다. 아까도 말했지만 부정적인 사고는 사람을 굉장히 논리적으로 만들어요. 그래서 최근에는 부정적인 사람이라고 하면 전략적으로 굉장히 뛰어나다는 것을 의미하기도 합니다.

요시다   아, 그런 식으로도 바라볼 수 있군요. 그렇다면 반대로 긍정적인 사람은요?

이시카와   긍정적인 상태에서는 높은 시점에서 보기 때문에 여러 가지를 이어서 바라볼 수 있죠. 때문에 창의적으로 생각하기 위해서는 긍정적인 편이 좋고, 냉정하게 판단하기 위해서는 부정적인 편이 좋아요. '주전 선수가 되지 못하는 이유'에 대해 생각할 때는 부정적으로 사고하는 편이 보다 엄격하고 세밀하게 생각할 수 있습니다. 자기합리화에서 벗어나서 성장하고 싶다면 부정적 감정의 강점도 이용해야 해요.

창의적으로 생각하기 위해서는
긍정적인 편이 좋고,
냉정하게 판단하기 위해서는
부정적인 편이 좋습니다.
자기합리화에서 벗어나 성장하고 싶다면
부정적 감정도 이용해야 해요.

나를 움직이게 하는
진짜 '감정'은 무엇일까

요시다 많은 사람이 스스로 감정을 조절하고 싶어 합니다. 그런데 생각처럼 안 된다는 게 문제예요. 사실 감정만 조절할 수 있다면 일을 그르칠 일도, 범죄가 일어날 일도 현저히 줄어들 겁니다. 행복감을 찾는 큰 열쇠가 될 거고요. 이시카와 씨는 과학자니까 냉정하고 침착한 성향을 가지고 있고, 그래서 감정까지도 조절할 수 있는 거 아닌가요?

이시카와 저도 많은 감정을 느낍니다. 과학자가 냉정하고 침착하다는 건 편견이고요. 실제로는 희로애락의 롤러코스터를 타야 해요. 위대한 과학자들을 살펴보면 전혀 냉정하지도 침착하지도 않습니다. 과학자는 간단하게 말하면 문제를 찾아내고 더 나은 방향으로 이끌거나 해결하는 일을 하잖아요. 문제를 해결할 때는 이성, 즉 부정적인 감정이 필요해요. 하지만 문제를 찾아내고 생각할 때는 오히려 이성이 방해가 됩니다.

세세한 부분까지 너무 신경을 쓰면 큰 목적을 잊어버리기 쉽기 때문이죠. 그래서 문제가 무엇인지 생각할 때는 편견이나 이성 없이 즐거운 상태, 즉 긍정적인 상태가 되어야 한다고 생각해요.

요시다　　바로 그걸 묻고 싶습니다. 그렇게 문제를 발견하기 위해서 감정을 긍정적으로 만들고, 또 해결하기 위해서 부정적으로 만드는 기술요. 이시카와 씨는 어떻게 감정 조절 능력을 길렀나요?

이시카와　간단하게 말하면 훈련입니다. 구체적으로 말하자면 일상생활에서 문제를 만들어보면서 내 감정을 살피고 다뤄보는 거죠. 문제를 만드는 것은 사실 어려운 일입니다. 왜냐하면 질문을 만들기 위해서도 먼저 마음이 움직여야 하거든요.

　　　　　학교 교육은 주로 이미 있는 문제에 대답하는 힘을 기르는 것이죠. 그래서 대부분의 사람은 문제를 설정하는 기술을 배우지 못한 채 성인이 됩니다. 하지만 제가 하버드에서 처음 배운 것은 희로애락의 감정을 조절하는 트레이닝이었습니다. 먼저 자신의 감정을 움직이는 기술을 익히게 하는 거죠. 그렇게 하지 않으면 공부가 지겹게 느껴집니다. 연구나 공부는 기본적으로 이성을 사용하는 작업이지만 이성만 사용하면 금방 피곤하고 질리거든요. 그런데 게임을 하는 감각으로 하면 감정이나 감각이 움직이기 때문에 계속할 수 있어요. 그래서 일상생활 속에서 문제를 설정하는 훈련을 쌓아서 평상시에도 감정을 쉽게 조절할 수 있도록 해두는 거죠. 수식도 이론적으로 식 전개를 이해하는 것이 아니라 감각으로 받아들이는 훈련을 하는 거예요. 책을 펴기 전에 마음을 두근거리게 만드는 훈련을 하는 것처럼 말이죠.

요시다   천문학 공부를 한다고 하면 '와! 태양은 어떻게 저렇게 밝은 거지?' 하면서 두근거리는 마음부터 가진다는 거죠? 일종의 그건 '호기심' 아닐까요?

이시카와   '호기심'이라 볼 수도 있어요. 비슷하죠. 다른 것은 이런 호기심을 '유지'하고 '적용'하는 것입니다. 제 경우에는 부정이 끼어들면 공부가 싫어지고 지쳐버립니다. 그래서 시작 전에 의도하지 않아도 '호기심'을 유지할 수 있도록 훈련하는 겁니다. 이렇게 마음에 좌표를 찍지 않고 책을 편 다음 바로 공부를 시작한다

는 건 연습을 전혀 하지 않고 바로 시합에 나가는 것
과 같아요.

요시다　공부도 미리 분위기를 조성하는 것이 중요하다는 거
네요.

이시카와　네, 진짜 중요해요. 저는 책을 펴기 전 단계에서 이미
공부의 90%가 끝났다고 생각합니다. 이런 훈련을 하
다 보면 나라는 인간이 무엇에 흥미를 느끼고 있는지
알 수밖에 없어요. '나에게 재미있는 것은 무엇인지'
를 이해하지 못하면 여러 가지 공부를 해도 결국 질
리고 말죠.

무엇에 관심이 있고 무엇에 분노를 느끼는지는 모
두 각각 달라요. 저처럼 '재미'로 일을 진행하는 사람
도 있을 것이고 '분노'를 원동력으로 삼아 앞으로 나
아가는 사람도 있을 수 있습니다. 남을 시기하고 의
심하는 마음이 동기가 되는 사람도 있어요. 그러니까
진짜 나를 움직이게 만드는 감정을 알아두면 살아가
는 데 큰 도움이 될 거예요. 행복의 한 축인 만족 면에
서도 도움이 될 거고요.

'재미'로 일을 진행하는 사람도 있을 것이고
'분노'를 원동력으로 삼아 나아가는 사람도 있을 겁니다.
시기와 의심이 동기가 되는 사람도 있어요.
그러니까 진짜 나를 움직이게 만드는 감정을 알아두면
살아가는 데 큰 도움이 될 거예요.

'이성'이 자리 잡으면
호기심은 문을 닫고 떠나지

요시다 '호기심' 하면 빼놓을 수 없는 것이 공부죠. 저는 '배움'의 동기부여를 유지하기 위해서는 두 가지가 필요하다고 생각합니다. '상식에서 벗어나는 것'과 '호기심을 가지는 것'이요. 그런데 어른이 되면서 두 가지 모두 대부분 사라지고 맙니다.

이시카와 '호기심이 어디서 나오는가'는 저도 계속 관심을 가지고 연구하는 주제 중 하나인데요. 호기심이 있는 한 '배움'의 동기부여는 유지됩니다. 한편 호기심에 가장 방해가 되는 것이 이성이죠. 이성이 앞서버리면 일반적인 것만 보고 난 다음 깊게 생각하지 않게 됩니다. 그렇게 되면 당연히 호기심이 생기지 않죠.

요시다 가령 앞에 있는 펜을 보고도 아무런 생각을 하지 않는 것처럼 말이죠? '펜은 어떻게 만들어지지?', '잉크의 역사는?' 이런 의문이 생기지 않고 그냥 당연히 펜은 펜이라고 여기면서요.

이시카와 　'펜은 어떤 맛이 나지?'와 같은 질문도 안 던지죠.

요시다 　그건 생각 못 했네요!

이시카와 　펜이라는 당연한 존재를 '신기'하다고 생각하게 되면 '관심'이 생기게 됩니다. 뉴턴도 사과가 나무에서 떨어지는 걸 보고 '이상하네?' 하고 생각했잖아요. 인류는 쭉 사과가 나무에서 떨어지는 걸 봐왔는데, 뉴턴만 그걸 '이상하다'고 생각한 거죠. 거기서 만유인력의 법칙이 발견되었고요. 위대한 발견은 언제나 '일반적인 것'에 대한 질문에서 나옵니다. 그러니까 호기심이 생기는 데 가장 중요한 것은 '왜'가 아니라 '의아하게 생각하는' 거예요. 보통인 것을 얼마나 신기하게 궁금증을 가지고 보느냐에 달렸어요.

요시다 　그런데 학교에서는 '호기심을 가지는 방법'은 가르쳐주지 않잖아요?

이시카와 　저는 개그맨들에게서 힌트를 얻었으면 좋겠어요. 개그맨들은 개그로 인기를 얻지 못했더라도 엄청나게 성공하는 경우가 많습니다.

요시다 　맞아요. 그런 경우가 많죠.

이시카와 　성공했다는 건 살아가는 데 필요한 중요한 능력을 길렸다는 뜻이에요. 개그라는 것은 일단 사람들의 관심을 집중시킨 다음 자기 자신에게 몰입하게 만들죠.

한 인기 TV 프로그램 PD에게 "개그맨은 어떻게 관객의 관심을 끄나요?" 하고 물어본 적이 있어요. 그랬더니 일단 일반적인 이야기를 한다고 하더라고요. 관객들이 '이 사람은 재미있는 사람'이라는 선입관을 가지고 보면 마음을 사로잡기 어렵기 때문이에요. 그래서 일반적인 이야기를 하면서 일반적인 상황을 만든 다음 재미있는 이야기를 하니 그 갭을 사람들이 재미있다고 생각하는 것 같아요.

그런 의미에서 일단 이 세상에서 일반적인 것이 무엇인지를 생각해야 해요. 그런 다음 의심하기를 반복하면 호기심을 가지는 능력을 자연스럽게 키울 수 있습니다. 우리는 학교에서 '5W1H'*를 배우지만, 사실 호기심에 가장 중요한 것은 당연한 것을 보고 이상하다고 느끼는 감각입니다.

---

* WHY 왜? WHAT 그 목적은? WHERE 어디서? WHEN 언제? WHO 누가? HOW 어떻게?

빛나는 시기는
늦을수록 좋아

요시다   학교 이야기를 하니 성적 이야기를 빠트릴 수 없군요. 보통 공부를 잘하면 인생을 좀 더 쉽게 살 수 있다고 말합니다. 물론 아니라는 주장도 많고 그 증거인 사람도 많긴 합니다만…… 이시카와 씨는 배움이나 공부, 그러니까 학업 성적이 인생에 어떤 의미라고 생각하시나요?

이시카와   성적을 인생에 의미로 삼는 사람에게는 의미가 있겠죠. 그런데 저는 공부의 과정에서 배운 의미를 말씀드리고 싶네요.

저는 소위 명문고를 나왔습니다. 공부 좀 한다는 아이들이 모인 곳이죠. 당시 친구들의 이야기를 들어보면 아주 재밌어요. 초등학교 때 영재라고 불리며 1등만 하던 아이가 중학교에 들어가서는 성적이 저조하거나 적응하지 못하는 경우가 많은 것 같더라고요. 또 중학교 때 공부를 잘하던 아이도 고등학교에 들어

와서는 적응을 못 하고요. 저도 사실 고등학교 때는 적응을 못 했습니다.

요시다 그런 사례가 많지요. 왜 그럴까요? 경쟁이 치열해져서 그런 걸까요?

이시카와 추측이지만 사람이 성장할 때는 '축적을 통한 배움'과 '흔들림을 통한 배움'이라는 두 가지 방향이 있는 것 같아요. 초등학교에서 엄청나게 지식을 축적한 아이들은 산에 비유하자면 위로 길쭉한 산, 후지산처럼 넓은 시야가 없어요. 하지만 중학교에 들어가서도 공부를 잘하려면 넓은 시야, 그러니깐 넓은 토대가 필요해요. 그래서 초등학생 때부터 '흔들림'과 함께 공부할 필요가 있어요. 이 '흔들림'을 '여백'이라고 해도 좋겠네요.

요시다 무슨 뜻인지 알겠어요.

이시카와 그래서 초등학교 때부터 전력으로 공부하는 것보다 여백을 조금 두면서 다른 것도 해보는 아이가 중·고등학교에서 성장할 수 있습니다. 하지만 중·고등학교와 대학교는 또 다르기 때문에 중·고등학교 성적이 좋았던 아이가 대학교에서는 그렇지 못한 경우도 있죠. 대학교 생활을 잘한 사람이 사회에 나가서도 반드시 잘한다고도 볼 수 없고요. 그래서 '여백'이나 콤플렉스 같은 것을 가지고 있는 사람이 인생을 장기적으로 봤을 때 열심히 일하고 행복하다는 이야기도 있어요.

또 이걸 다르게 풀어보면 누구에게나 인생에서 한 번은 빛나는 시기가 있다는 것이고요. 그리고 그 빛나는 시기가 늦으면 늦을수록 일할 수 있는 시간이나 행복한 기간이 길어지지 않을까 하고 저는 생각합니다.

요시다 듣다 보니 '결핍'이 생각납니다. 보통 결핍이 있으면 계속 시도하게 되고 발전한다고 말하잖아요.

이시카와 비슷합니다. 공부든 일이든 어떠한 성취에 있어서 어느 부분 부족한 것이 도움이 됩니다. 그것이 나아가게 하는 동력이 되니까요.

'여백'이나 콤플렉스를 가진 사람이
장기적으로 열심히 일하고 행복하다는 이야기가 있어요.
이걸 다르게 풀어보면 누구에게나 인생에서
한 번은 빛나는 시기가 있다는 뜻이고요.
그 빛나는 시기가 늦으면 늦을수록
행복한 기간이 길어지지 않을까 생각합니다.

도전 속에서 단단해지는
진짜 자신감

요시다   제가 다니던 고등학교도 명문 고등학교였습니다. 상위 50명 정도는 도쿄대학교에 들어가서 유학 후에 우주 물리학자가 되는 그런 학교였어요. 저는 300명 중 200등 정도였죠. 어느 날 상위권 아이들과 함께 식당에 나란히 앉아 야키소바를 먹었습니다. 그런데 그 대단한 친구들이 저랑 똑같이 야키소바를 먹고 저랑 똑같은 아이돌을 좋아하더군요. 그때 굉장히 기분이 묘했습니다. 제가 살고 있는 평범한 세상에 엄청난 엘리트가 있다는 실감이 들었죠. 저와 다를 바 없지만 굉장히 다른 사람들 말입니다.

이시카와   어떤 의미로 보면 강렬한 '패배'의 감정을 느꼈다는 것인가요?

요시다   비슷하지만 다릅니다. 오히려 그런 천재들이 옆에 있으니 이 세계가 전부 이어져 있다는 생각이 들었어요. 저는 지는 걸 정말 싫어해서 승부를 내야 하는 상황이면 굉장히 열심히 하곤 했지만, 비교도 할 수 없는 수준의 천재와 나란히 앉아 보니 이기고 지는 게 전부가 아니라는 생각이 들었습니다.

사회에 나와서도 비슷한 일들을 종종 겪었습니다. 그때마다 제가 할 수 있는 내에서 열심히 해보긴 했지만, 어느 임계점에서는 어쩔 수 없었어요. 이제는 각자 가진 역량이 다르다고 생각하고 담담하게 받아들입니다.

이시카와 그건 아마도 요시다 씨가 최선을 다해 승부에 임해왔기 때문에 가질 수 있는 자신감이라고 생각해요. 부족한 부분에 도전해 온 사람들은 진정한 의미의 자신감을 가지고 깊은 만족감을 얻거든요.

요시다 그건 다르게 생각하면 자신이 잘하는 분야에서만 일해온 사람은 진정한 자신감을 갖고 있지 않다는 뜻인가요?

이시카와 전 그렇다고 생각해요. '잘하는 것'이나 '좋아하는 것'만 하다 보면 어느 정도까지는 성장하겠지만 벽에 부딪혔을 때 거기서 어떻게 해야 할지 모르거든요. 그전까지 본능적으로만 해왔다면 어떻게 노력해야 할지 모르기 때문에 한계라는 벽을 돌파할 수 없어요. 잘하지 못하는 부분에 도전해본 경험이 없으면 벽을 넘기가 어렵습니다.

요시다 씨가 전에 '커뮤니케이션 장애'를 가지고 있는 자신과 마주하고 극복한 경험을 책에 쓰셨잖아요. 아나운서가 그런 이야기를 하긴 쉽지 않았을 텐데요. 굉장한 용기와 진짜 자신감을 갖고 있다 느껴졌습니다. 그런 경험이 있는 사람은 설사 실패해서 엉망이 되더라도 '다시 하면 되지 뭐' 하고 생각하게 됩니다. 실제로도 다시 도전하는 데 주저하지 않고요. 노력의 기술, 단련의 기술을 가지고 있다고 할까요.

인생을 해석하는데
과학이란 무엇일까

요시다   꽤 여러 이야기를 들었는데, 잠시 과학에 대해서도 이야기를 해보고 싶습니다. 지금 인생을 과학으로 풀어보고 있으니까요. '과학'을 한마디로 정리하자면 무엇일까요?

이시카와   물건이나 현상을 요소로 분해해서 관찰하고 다시 조합해나가는 작업입니다. 19세기에 이 작업을 한 것은 의학이었습니다. 여기서 잠시 다른 이야기를 하자면 그전까지의 의학은 신뢰받지 못했습니다.

요시다   마술과 크게 다르지 않았지요. 굉장히 수상쩍었어요.

이시카와   맞아요. 무엇이 효과적이고 무엇이 부작용인지를 연구하면서 여기까지 온 것입니다. 1990년대부터 본격적인 연구가 이루어졌다고 할 수 있지요.

요시다   완전 최근이네요?

이시카와   최근 25년간 꽤 지식이 축적되었어요.

요시다   그렇군요. 예전에는 의사도 믿지 못했군요. 지금은 의사나 과학자가 말하는 건 대체로 믿는데 말이지요. 그렇다면 혹시 좋은 과학자와 그렇지 않은 과학자를 구별하는 포인트가 있을까요?

이시카와 과학자는 기본적으로 자신이 연구하는 주제가 '좋은 것'이라고 생각하기 때문에 연구에 빠져듭니다. 그런데 '좋지 않음'이 있을지도 모른다는 가능성을 배제한다면 바람직하지 못한 자세라 할 수 있습니다. 명상 연구자를 만났는데 "명상의 부작용은 무엇인가요?" 하고 물었을 때 대답을 해주는 사람이 좋은 과학자라고 생각합니다.

요시다 아, 거의 모든 과학자에게 통용되는 하나의 구별법이라 할 수 있겠어요. "그것의 부작용은 무엇인가요?" 하고 물으면 되겠어요.

이시카와 맞아요. 의견을 부정당했을 때 화를 내는 것은 과학자의 자세로 바람직하지 않습니다. 한 TV 프로그램에서 '○○한 사람들은 ××하는 경향이 있다'는 설명을 하는 통계학 교수가 있었는데, 한 패널이 "저는 아니에요" 하고 말하니까 그 교수가 "당신은 그럴지 몰라도 통계는 그렇다고 하지 않네요"라고 화를 냈어요. 저는 그 장면을 보고 그 패널의 주장이 맞는 말이라고 생각했습니다. '당신이 말한 통계가 더 포괄적인 패턴을 제시하지 않았으니 예외를 지적당하는 것이다!'라고 생각했어요. 이런 지적에 대해서 화를 내는 건 옳지 않다는 생각이 들었죠. 자신의 연구가 불충분했다고 인정해야지 화를 내는 건 뭔가 했습니다. 자신이 옳다고 생각하기 때문에 화를 내는 거예요. 과학자는 자신이 틀릴 수 있다는 생각을 항상 하는 편이 좋습니다. 아니, 틀렸을 거예요. 100년이라는 단위로 보면 과학자가 정답을 계속 말하는 경우는 아주 드뭅니다.

요시다   다른 직업의 사람들도 마찬가지겠죠?

이시카와   크리에이터라 불리는 사람들은 다를지도 몰라요. '나는 이게 맞다고 생각해!'라는 신념이 없으면 무언가를 만들 수 없겠지요. 그런데 모두가 좋아하는 것을 만들려고 하다 보면 아무도 좋아하지 않는 것을 만들어버릴 수도 있어요.

요시다   맞아요. 그런 경우가 많지요. 그렇다면 인생을 이야기하는데 과학이란 무엇일까요?

이시카와　과학이란 삶에서 다른 면을 발견하도록 돕는 것이죠. 그리고 인간이 가지고 있는 원초적 데이터가 인생에 어떤 영향을 끼치는지도 알려줍니다. 의사가 약물이나 수술의 부작용을 설명하는 것처럼, 그리고 유전자가 삶에 어떤 방향을 설정하는지 알려주는 것처럼, 또는 통계에 근거한 이야기를 알려주는 것처럼 말입니다. 아직 밝혀지지 않은 것에는 답하지 않고 모른다고 겸허하게 인정하지요. 그것이 과학이 가진 특징이라고 생각해요.

요시다　그것은 지금 이시카와 씨가 말하는 인생 이야기가 틀릴 수도 있을 거란 이야긴가요?

이시카와　더 확실한 논거가 있는 연구 결과가 밝혀지면 당연히 제 말이 틀릴 수 있습니다. 그리고 더 좋은 연구 결과들이 나오길 기다리기도 해요. 제 개인적으로나 세상을 생각해서도요. 행복에 관해서도 지금까지 밝혀지지 않았던 증거와 이론들이 나와서, 많은 사람이 좀 더 자주 행복을 느낄 수 있다면 그것이 좋은 일이 아닐까요?

인생을 이야기하는데 과학이란 무엇일까요?

삶에서 다른 면을 발견하도록 돕는 것이죠.

근거를 바탕으로요.

그리고 아직 밝혀지지 않은 것은

모른다고 겸허하게 인정합니다.

긍정적인 성격은
타고나는 것일까

요시다   다시 돌아와서 '감정' 이야기를 해보죠. 나를 움직이게 만드는 감정은 의지로 선택할 수 있는 건가요? 가령 '분노'보다 '호기심'을 갖고 싶다든가 하는 거요.

이시카와   훈련한다면 될 수도 있어요. 그런데 대부분 성장하면서 패턴으로 굳어지거나 타고난 것 같습니다.

요시다   조금 다른 질문인데 질투심에 대해서 묻고 싶습니다. 저는 정말 운이 좋았다고 생각하는 것 중 하나가 바로 '질투심이 없다'는 거예요. 그런데 많은 이가 '질투'를 동력으로 삼더군요. 솔직히 저는 질투라는 감정을 잘 이해할 수 없어요.

이시카와   그건 자신의 안에 명확한 기준이 있기 때문에 그런 거 아닌가요? 다른 사람과 비교하기 시작하면 끝이 없지만 자기 기준이 확고하게 있으면 질투심은 생기지 않을 거예요.

요시다   그럴지도 모르겠네요. 저 자신이 재미있다고 생각한 일에 대해서는 누가 뭐라고 하든 상관하지 않거든요.

이시카와   요시다 씨와는 대조적으로 '이해받지 못한다', '외롭
다' 같은 감정을 원동력으로 삼는 사람도 있습니다.
어쩌면 자신과 남과의 차이에 신경을 쓰는 거죠.

요시다   제가 아는 한 뮤지션은 '분노', 그러니까 혁신에 대
한 욕구가 곡을 만드는 힘이라고 했어요. 생각해 보
니 굉장히 다양하네요. 아까 움직이게 만드는 감정이
'타고난다'고 하셨는데 사람마다 어떤 감정이 특화되
어 태어나는 것일까요?

이시카와   **어떤 연구 결과를 보면 사람이 긍정적인 감정이나 부
정적인 감정 중 어느 쪽을 잘 느끼는지는 유전적으로
많은 부분이 결정되어 있다고 합니다.**

요시다   진짜요? 그러면 유전자 검사 같은 거로 미리 어느 정
도는 알 수 있겠네요.

이시카와   유전자 검사를 하지 않아도 가족을 보면 대강 알 수
있어요. 사람은 모두 제각각이지만, 이분법을 굳이 대
입하자면 대체로 긍정적인 사람과 부정적인 사람으
로 나눌 수 있어요. 항상 유쾌하고 기분이 좋은 사람
은 그 가족도 그런 경우가 많죠.

요시다　맞아요. 가족은 대체로 비슷한 분위기를 풍기죠. 그런
　　　데 부정적인 부모 밑에서 태어났더라도 반드시 같아
　　　진다고는 할 수 없는 거죠? 나중에 긍정적인 사람이
　　　되는 경우도 있는 거죠?

이시카와　물론이죠. 유전으로 결정되는 경우는 절반 정도라고
　　　합니다.

요시다　그러면 나머지는 어떤 요인으로 결정되나요?

이시카와　유전자가 50%라고 하면, 10% 정도는 받은 교육이나
　　　환경, 나머지 40%는 그 사람의 사고방식입니다. 이
　　　40%는 다양한 요인이 복합적으로 얽혀서 결정되고요.

요시다　그렇다면 그 40%는 노력으로 달라질 수 있나요?

이시카와　그렇습니다. '그때 왜 그렇게 초조해 했지?', '왜 공격
　　　적으로 대했을까?'와 같이 자신의 감정이나 생각을
　　　분석하는 작업을 반복적으로 하다 보면 성격이나 성
　　　향 등에 관한 데이터가 늘어납니다. 그런 감정의 데
　　　이터를 계속 쌓으며 분석하다 보면 나를 움직이게 만
　　　드는 감정, 잘 맞는 감정을 발견할 수 있습니다.

요시다　어떤 감정이 원동력이 되는지는 사람에 따라 완전히
　　　다르겠네요.

이시카와   다양한 분야에서 가장 뛰어난 사람이라고 불리는 사람들은 아마도 자신을 움직이는 감정을 발견한 사람들일 거예요. 그냥 높은 목표를 가졌다는 것만으로는 그런 자리에 오를 수 없습니다. 이건 20세기 연구에서도 증명된 사실이죠.

요시다   높은 목표와 함께 '나는 이런 특징을 가진 사람이다'라는 것을 알아야겠군요.

이시카와   맞아요. 더 명확하게 말하면 자신이 어떤 감정일 때 최선을 다할 수 있는지 파악할 수 있어야 하죠. 또 이것은 내가 어떤 감정을 느꼈을 때 행복감을 느끼는지 알아내게 해줘요. 성취감, 새로움, 편안함, 놀라움, 반가움, 연대감, 홀가분함 등 수많은 감정 중에서 나를 행복하게 해주는 감정이 있을 겁니다. 이것들을 잘 골라내고 그 조각들이 자주 찾아오도록 환경을 조성하는 게 행복을 느끼는 방법일 거예요.

요시다   원동력이 되는 감정이 있다면 행복을 느끼게 해주는 감정도 반드시 있을 거예요. 그리고 이 역시 경험을 쌓으면서 발견하는 수밖에 없을 거고요.

자신이 어떤 감정일 때 최선을 다할 수 있는지
파악할 수 있어야 합니다.
또 이것은 내가 어떤 감정을 느꼈을 때
행복한지 알아내게 해줘요.
성취감, 새로움, 편안함, 놀라움, 반가움, 연대감, 홀가분함 등
수많은 감정 중에서 나를 행복하게 해주는 감정이 있을 겁니다.
이것들을 잘 골라내고 그 조각들이 자주 찾아오도록
환경을 조성하는 게 행복을 느끼는 방법일 거예요.

2

욕망 바라보기

:
.

사람들은 자꾸 행복을
미루려고 한다

행복이란
쾌락, 의미, 몰입의 균형

요시다   모두가 '즐거운 것이 좋다'고 당연한 듯이 말하잖아
        요? 하지만 즐겁다는 것에는 꽤 여러 의미가 담겨 있
        어요. 복합적이죠. 그래서 저는 얼마 전부터 '즐겁다'
        는 말을 나눠야 하지 않을까 생각하고 있어요. 몰입
        하고 있다는 것과 기분 좋다, 이 두 가지로요.

이시카와 그건 조금 깊게 생각해야 하는 문제네요.

요시다   그런가요?

이시카와 앞에서도 말했지만 사실 '즐거운 상태가 무엇인가?'
        라는 문제는 철학으로도 과학으로도 밝혀진 것이 거
        의 없어요.

요시다   그렇군요. 잘 모르기 때문에 복합적이라고 느끼는 부
        분도 있을 겁니다.

이시카와 하지만 '행복'에 대해서는 예전부터 많은 연구가 이
        루어졌어요. 심리학적으로 보면 행복에는 세 가지 종
        류가 있어요. '쾌락', '의미', '몰입'. 이 세 가지죠.

요시다   즐거움은 잘 모르겠지만 행복에 대해서는 아마도 이
          셋의 균형 같습니다.

이시카와 쾌락만으로는 행복해질 수 없어요. 지극히 당연한 이
          야기가 되겠지만 행복은 돈과 연동되지 않는다고 생
          각해요.
          자신이 한 일에 대한 대가는 보통 '돈'입니다. 하지만
          사실 돈이 아니어도 상관없어요. 뇌를 자극해서 쾌감
          물질이 나오게 할 수 있다면 그 자극 자체가 대가가
          되는 편이 돈보다 훨씬 확실하다는 생각이 들어요.
          또 의미만으로도 행복하기 어려워요. 어떤 의미를 찾
          는다 하더라도 퇴색되거나 의미 자체를 두는 기준이
          달라지기 때문이죠. 몰입도 마찬가지입니다.

요시다   무언가를 '한다'라는 프로세스 자체가 대가가 되기도
          하잖아요.

이시카와 맞습니다. 몰입해서 할 일이 있다, 또는 몰입해서 이
          일을 한다는 행위에는 쾌감이 있죠. 하지만 아무리
          열중하던 일도 시간이 지나면 지겨워지게 됩니다. 그
          감정을 이겨낼 수만 있다면 계속해서 집중할 수 있겠
          죠. 그러려면 자신이 도대체 무엇에 싫증난 건지 정

확하게 인식해야 해요.

요시다　'싫증이 난 자신'을 분석한다는 건가요?

이시카와　네, 질린다는 느낌이 들어도 정확히 무엇에 싫증난 건지 알아채기 힘들어요. 예를 들어 그냥 화가 난 것을 아는 것과 지금 무엇에 화를 느끼는지 아는 것은 전혀 다릅니다. 후자는 '메타 인지*'라고 해서 자신을 아주 높은 곳에서 바라보는 감각을 가지는 걸 말해요.

요시다　제대로 생각하고 있다고 느낄 때는 가능하겠죠.

이시카와　축구 선수 혼다 케이스케 씨는 자신과의 대화를 '내 안에 있는 리틀 혼다에게 묻는다'고 표현했는데요, 자신을 이름으로 부를 수 있는 사람은 자신을 객관화해서 보는 것이 가능한 사람이 아닐까 생각합니다.
어쨌든 행복은 단순히 어떠한 하나의 충족에서 일어나는 것은 아닙니다. 요시다 씨 말처럼 쾌락과 의미와 몰입이 균형을 이룰 때 행복할지도 모르겠군요.

＊ 스스로 인지 과정을 되짚어 보며 아는 것과 모르는 것을 구별해 자각하고 문제점을 찾아 해결하는 것을 말한다.

우리는 자주
분위기 파악하는 훈련을 받고 있어

요시다   시점을 바꿔보는 습관을 들이면 다른 것들이 보입니다. 얼마 전에 커뮤니케이션에 관해 생각해봤어요. 예전에 커뮤니케이션을 '자기표현'이라고 생각하니 사람들과의 일상적인 대화가 힘들었어요. 그런데 상대방의 이야기를 듣기 위해서 질문한다고 시점을 바꿔보니 편해졌습니다. '커뮤니케이션은 자기표현의 중요한 수단이다'라고 말하는 사람도 있지만, 애초에 '자기표현'이나 '표현'이란 게 도대체 뭔지, 그런 생각을 하신 적은 없으신가요? 저는 '자기표현'이라는 말이 어쩐지 낯설어요.

이시카와   네, 무슨 뜻인지 알아요.

요시다   처음에 '자기표현'을 생각한 사람은 누구일까요? '그림을 그리고 싶다'와 같은 욕망은 알겠어요. 자신의 그림에 대해 인정받고 싶다는 마음도 알겠어요. 그런데 그게 자기표현인가요? 그리고 자기표현이란 그냥

자기 생각을 말하는 게 아니잖아요. 내 말을 듣고 이해하고 인정하고 나아가서 칭찬해줬으면 좋겠다는 욕망이잖아요.

우리도 지금 생각하는 것을 다 말하고 있지만, '이런 나의 생각을 누군가가 인정해줬으면 좋겠어!'라고 신경 쓰면서 말한다면 이상하지 않을까요?

이시카와 저도 다른 사람에게 인정받지 못하면 속상하다는 것은 부자연스럽다고 생각합니다. 또 상대방이 좋아해 주면 기쁘다는 것도 개인적으로는 공감하기 힘들어요. 물론 내가 아끼고 사랑하는 사람의 행복이 나의 행복에 영향을 끼친다는 것은 인정합니다. 하지만 현재 일본에서는 상대의 반응이나 시선을 지나치게 신경 쓰고 있다는 생각이 들어요.

요시다 분명 자신의 욕망을 제대로 발견하지 못했기 때문에 타인의 평가가 필요한 걸 거예요. 정말 자기 자신이 원하는 거라면 남들이 뭐라든 상관없지 않을까요? 이전에 '그래도 행복하게 보였으면 좋겠다'라는 잡지 문구가 화제가 된 적이 있습니다. 정말 이상했습니다. 타자에게 인식되지 않으면 인정받지 못하면 자신의 행복이 존재하지 않는다는 걸까요? 계급투쟁에서 이기지 않으면 만족이 되지 않는 것 같은……. 이런 게 비교라는 걸 낳는다고 생각해요. 사람들은 누구나 비교당하기 싫어하면서 누구보다 자기 자신이 남과 나를 비교합니다.

이시카와   사회 분위기가 많은 것을 형성하는 것 같습니다. 일본인의 자녀 교육을 보면 일단 다른 사람에게 폐를 끼치지 않는 것을 굉장히 중요하게 여깁니다. 아이가 장난감 자동차를 힘껏 던져버리면 "자동차가 아프다고 하네" 하고 자동차의 기분을 대변해서 주의를 주죠. 아이가 왜 그러는지 묻진 않고요.

요시다   듣고 보니 그렇네요. 일본인이 아니더라도 많이들 그럴 것 같기도 하고요.

이시카와   이런 식으로 주의를 주는 민족이 많을까요? 미국이라면 "우아! 멀리 날아갔네" 하고 칭찬할지도 몰라요. 일본인은 항상 '타인이 봤을 때 나의 행동이 어떻게 보일까?'라는 관점에서 생각하도록 훈련받습니다. 그것이 분위기 파악으로 이어지고, 그 연장선상에서 자신 안에 평가 기준이 있는 사람, 외부의 평가 기

남의 시선을 신경 쓰며 자랐는데
갑자기 신경을 안 쓰기란 쉽지 않습니다.
'신경 쓰지 않는 나'를 계속 주장하면서
그런 나를 보는 시선을 신경 쓰기 쉽거든요.
신경 쓰는 것이 불행한지 구별할 필요가 있습니다.
어떤 이는 남과 비슷해 보이는 것에 안정감을 느끼니까요.

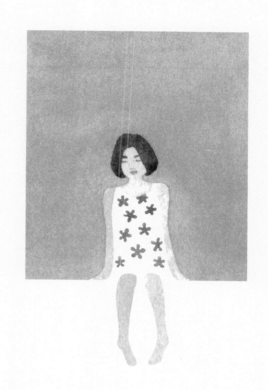

준으로 판단하는 사람이 생긴다고 생각해요. 그래서 "자동차가 아프다고 하잖아" 하고 혼내는 것이 아니라 자동차를 던진 아이가 어떤 기분과 감정으로 그런 행동을 했는지 부모로서 생각하는 편이 좋다고 생각해요.

요시다 주체를 생각해야 한다는 거네요. 사실 이렇게 분위기를 파악하는 것이 사회적으로는 도움이 될지 몰라도 개인적으로는 행복을 갉아먹습니다. 자꾸 욕망을 눌러버리잖아요. 그렇다 보니 현대에 와서 역설적으로 남 신경 안 쓰는 방법 등이 유행하고요.

이시카와 하지만 남의 시선을 신경 쓰며 자란 후에 갑자기 신경을 안 쓰기란 쉽지 않습니다. '신경 쓰지 않는 나'를 계속 주장하면서 그런 나를 보는 주변 시선을 신경 쓰기 쉽거든요. 그래서 자기 자신이 남들의 시선에 자유로운지, 그렇지 않은지, 시선에 신경 쓰는 것이 불행한지 구별할 필요가 있습니다. 어떤 이는 남과 비슷해 보이는 것에 안정감을 느끼니까요. 이것도 사람마다 다르다고 할 수 있습니다.

사람들은 자꾸
행복을 미루려고 한다

요시다　욕망 중에 가장 큰 것이 '행복해지고 싶은' 욕망이라 생각합니다. 그런데 왜 이렇게 느끼기 어려운 걸까요?

이시카와　많은 이유가 있겠죠. 그중 하나를 꼽으라면 저는 '미룸'을 꼽고 싶습니다. 사람들은 자꾸 '행복'을 뒤로 미루려고 합니다. 이런 것이 있으면 행복해질 것 같다고, 지금 불만을 느끼는 건 이 부분이 부족하기 때문이라고 여기면서 부족한 것을 채우는 데 열심입니다. 하지만 남는 것은 공허함뿐이지 않을까요?

심지어 사람은 부족한 것을 채우고 나서도 잠시잠깐 행복할 뿐입니다. 쾌락 적응이란 말이 있지요. 바라던 경험이나 목표를 이루고 난 직후에 굉장히 행복하지만, 곧 그 감정이 사라지고 평상시로 돌아오는 것 말입니다. 이처럼 사람의 감정은 '순간'일 뿐입니다. 그래서 자신이 어떤 사람이고 싶은지를 의식적으로 생각하지 않으면 어떤 성공이나 영광을 손에 넣어도 행복해지기 어렵습니다. 그 행복을 유지하기도 불가능하고요.

요시다 그러니까 '이렇게 되고 싶다'라는 욕망이 아니라 어떤 상태이고 싶은지를 정하는 게 중요하다 생각해요. 프로야구 선수가 된다 해도, 된 후에 '힘들다. 그만두고 싶다' 하고 매일 생각한다면 그렇게 불행한 일도 없겠죠. '매일 야구를 할 수 있어. 신난다!'라는 마음으로 살고 싶은지, 살 수 있을지 생각하는 것이 먼저일 것 같습니다. 사회적인 지위가 아니라 어떤 기분으로 살고 싶은지를 인식하는 것이 더 중요하단 말입니다. 그렇게 따지자면 제 인생의 목표는 역시 '즐거운 기분'입니다. 이시카와 씨는 다양한 감정을 느낌으로써 인생이 더 깊어진다고 말씀하셨는데, 저는 계속 기분 좋게 사는 것이 도달점이라고 생각해요.

이시카와 감정이 변하면 사고의 패턴도 변한다는 것은 과학자이기 때문에 가능한 발상일지도 모르겠습니다. 이 일에서는 그런 발상법이 중요하지만, 요시다 씨처럼 자신이 어떤 감정을 가지고 살고 싶은지 정하는 것도 중요한 가치입니다.

사람은 부족한 것을 채우고 나서도 잠시잠깐 행복할 뿐입니다.

감정은 순간이며 곧 사라지는 것이니까요.

그래서 자신이 어떤 사람이고 싶은지를 의식하지 않으면

어떤 성공이나 영광을 손에 넣어도 행복해지기 어렵습니다.

유지하기도 불가능하고요.

내 속에서 아우성치는
욕망 따라가기

이시카와 '행복에 영향을 끼치는 요인'을 연구한 결과가 있습니다. UN에서 발표한 '세계행복보고서'를 보면 알 수 있죠. 일본은 54위(2017년 기준)입니다. 참고로 행복도가 높다고 하는 부탄은 97위입니다. (한국은 2018년 기준 57위)

요시다 부탄이 낮은 건 의외네요.* 가난해도 행복한 나라라고 알려져 있는데 말이에요. 그렇다면 핀란드가 1위인가요?

이시카와 2017년에는 노르웨이가 1위입니다. 상위에는 확실히 북유럽 국가들이 많이 들어가 있어요. 행복에 영향을 미치는 요인을 보면 소득, 사회복지, 기대수명 등입니다.

요시다 괜찮은 설정이네요.

이시카와 또 눈에 띄는 요인이 하나 있는데 그건 바로 자율성, 그러니까 자신의 인생을 자유롭게 선택할 수 있는지였습니다.

요시다	중요한 부분이죠.
이시카와	현대 일본 사회를 보면, 이 질문에 대해 이론적으로 모두 예스여야 하지만 실제로 그렇게 생각하는 사람은 적은 것 같아요. 마치 '감옥 문이 열려 있는데도 나가지 않는 상태' 같습니다.
요시다	그렇게 말할 수도 있겠네요. 정말 자유로운데 왜 자유로워지지 못하는 걸까요?
이시카와	그건 아마도 지금의 상태가 나쁘지 않기 때문일 겁니다. 사람은 진짜 견딜 수 없을 정도가 아니면 새로운 한걸음을 내딛지 않아요.
요시다	그걸 뛰어넘지 못하면 '행복'을 느낄 수 없는 건가요? 앞으로의 시대에 행복해지기 위해서는 어떻게 해야 할까요? 구체적으로 어떤 기술이 있으면 좋을 거라 생각하세요?
이시카와	일반화하기는 어렵지만 개인적으로는 '자신의 감정과 마주하는 힘'이 필요하다고 생각해요. TV를 보다

---

* 부탄은 1972년 UN 기준과는 다른 국민총행복지수를 선택하겠다고 발표했다. 여기에는 정신적 건강함, 시간 사용, 활력 있는 공동체, 문화, 건강, 교육, 환경, 생활수준, 정치력 등이 들어가 있다.

가도 '지금 나는 어떤 감정을 느끼고 있지?' 하고 생각하는 거죠.

요시다   감정을 모니터링하는……?

이시카와   네, 맞습니다. 모니터링하는 힘. 나는 지금 기쁨을 느끼고 있구나, 나는 지금 지겨움을 느끼고 있구나 하는 것이요. 그리고 행복해지려면 '나는 이 감정을 느끼고 싶은가?'라고 묻는 것이 필요하다 생각해요. 그것은 '진짜 욕망'과 연결되어 있으니까요.

요시다   진짜 욕망…….

이시카와   인간이 죽기 전에 후회하는 것 중 하나가 '내 욕망에 더 충실했다면 좋았을걸'이라고 하더군요. 우리는 살아가면서 많은 욕망을 억누르거나 미루니까요. 행복해지고 싶은 욕망도 수많은 이유로 외면하고 또 미룹니다.

요시다   그렇군요. 하지만 자신의 감정과 마주하는 것은 고통스러운 일이기도 합니다. 또 그것이 진짜 감정인지도 구별하기 어렵고요. 욕망은 더합니다. 제 안에는 수많은 욕망이 자기 이야길 들어달라고 아우성을 치거든요.

●
●
●

행복해지려면

'나는 이 감정을 느끼고 싶은가?'라고 묻는 것이

필요하다 생각해요.

그것은 '진짜 욕망'과 연결되어 있으니까요.

이시카와 | 연습이 필요합니다. 내 안에 있는 여러 욕망을 비교하면서 구별해야 해요. 예를 들어 밤에 자유 시간이 있다면 공부를 할지, 친구와 술을 마실지, 가족과 지낼지……. 이런 것들을 냉정하게 바라볼 필요가 있어요. 내가 가장 원하는 것이 무엇인지를요. 제 경우는 지식이었어요. 지식에 대한 욕망이 가장 컸지요. 그 욕망에 충실한 지금 굉장히 만족합니다. 마음속에서도 납득했고요.

욕망이란 자신 안에 있는 '축'입니다. 거기에 스스로 납득할 수 있다면 사람들이 뭐라고 하든 신경 쓰지 않게 됩니다. 그런 '자신과 마주하는' 연습을 하지 않는다면 눈앞의 욕망에 사로잡혀서 살게 되겠죠. 그러니까 감정을 모니터링하고 욕망을 발견해서 충실하게 따라가는 힘이 지금 시대에는 아주 중요한 기술이라고 할 수 있습니다.

통장 잔고에 집중하다 보면
현재의 행복이 스쳐 지나가

요시다   지금 이야기를 들으니 우리 사회에 '욕망의 베리에이
션'이 부족하다는 생각이 듭니다. 욕망의 베리에이션
이야말로 다양성이고, 다양성은 사회 전체의 행복과
도 이어진다고 하던데요. 그렇죠?

이시카와   네, 맞습니다. 다양한 욕망과 변주를 관용하는 시각
이 필요합니다. 지금 스포츠의 세계는 굉장히 다양
화되어서 행복을 만들어가고 있다고 여겨집니다. 10
종 경기밖에 없었던 시대보다 많은 금메달이 생겼고,
다마스에 다이(전 일본 육상 선수)처럼 100m가 무리라면
400m 허들로 전향하는 길도 생겼지요. 인생도 이랬
으면 좋겠어요.

요시다   맞아요. 지금 사회에서 획일화된 '부자'라는 가치관
은 무언가 틀렸다는 생각이 들어요.

이시카와   일단 돈이 있으면 안정감이 생기고 기회가 많아지니
그럴 거라 생각해보지만…… 진짜 그럴까요? 그건 혹

시 오늘 하루, 나아가 인생을 어떻게 살겠다는 이미지를 그리지 못한 상태에서 가장 쉬운 것을 선택한 건 아닐까요? 오늘 행복을 누리는 것에 마음을 쓰기보다 점심값을 아끼는 데 집중하는 게 간단한 일이니까요. 올지 안 올지 모를 기쁨을 위해 오늘의 만족을 미루는 것과 같습니다.

요시다   인생을 80년이라 하면 굉장히 긴 것 같지만 시간은 눈 깜짝할 사이에 지나가 버립니다. 돈은 꼭 필요하지만 비중을 크게 주면 돈만 생각하다가 끝나 버리고 말아요. 여기에 대출이라도 받게 되면 '일단 돈부터 해결해야지' 하는 시간이 크게 늘어나지요. 살기 위해서 대출을 받았더라도, 지금 현재의 감각과 기쁨을 외면할 필요까지는 없는데 말이에요.

이시카와   돈을 최고의 목표로 두면 그에 맞는 행동을 해야 됩니다. 그러다 보면 자신과 마주하는 시간은 줄어들기 쉽지요. 다르게 생각해본다면, 돈을 위해 자신을 외면하는 걸 정당화하는 게 됩니다. 하지만 애초에 돈이 왜 필요한지 생각해보면 보다 잘 살기 위해서입니다. 핵심은 돈이 아니라 '삶'이라는 거지요.

요시다   돈은 교환과 보존의 척도니까요. 가끔은 돈과 일부러
         라도 거리를 둘 필요가 있다고 생각해요. 돈에만 사
         로잡혀 있으면 지금 현재의 수많은 행복을 못 느낄
         테니까요. 그러려면 내가 원하는 것이 무엇인지 자주
         상기시키는 게 필요하다 여겨집니다.
         저는 인생에서 번뜩이는 경험을 하고 싶고 사람들을
         놀라게 하고 싶어요. 그 순간이 가장 재미있어요. 이
         부분이 확실하기 때문에 하는 일이 명확하고 매일 꽉
         찬 하루를 보내고 있어요. 하지만 그러다 보니 중립
         적인 시간이 거의 없습니다. 그건 균형이 맞지 않다
         고 생각해요.

이시카와   기본적으로 사람은 즐거운 일은 시키지 않아도 알아
         서 하게 되고, 그 욕망은 비교적 알아채기 쉬워요. 하
         지만 즐겁지 않은 일 가운데에서도 즐거움을 발견하
         는 기술이 인생에서 아주 중요합니다. 그래야만 내
         안에 있었지만 몰랐던 욕망을 점점 더 발견하게 될
         테니까요.

기본적으로 사람은 즐거운 일은
시키지 않아도 알아서 하게 되고,
그 욕망은 비교적 알아채기 쉬워요.
하지만 즐겁지 않은 일 가운데
즐거움을 발견하는 기술도 인생에서 아주 중요합니다.
그래야만 지금까지 몰랐던 욕망을
점점 더 발견하게 될 테니까요.

나와 마주보기조차 어려운데
행복을 느낄 수 있을까?

요시다   욕망은 여러 가지를 가지고 있는 편이 좋지 않을까요? 하나의 욕망이 실현되지 않았을 때 다른 쪽도 생각해 볼 수 있으니까요. 만약 그렇다고 한다면 적절한 욕망의 수가 있을까요?

이시카와   저는 3~5개 정도라고 생각합니다.

요시다   그 숫자는 어디서 나온 거죠?

이시카와   욕망이 변하면 소속 커뮤니티도 변하죠. 직업이나 취미가 달라지면 만나는 사람이 달라지는 것처럼요. 그래서 '욕망을 몇 개나 가지고 있으면 좋을까'란 질문은 '몇 개의 커뮤니티에 속해 있으면 좋을까'를 묻는 것과 같다고 생각했습니다. 제가 최근에 고령자를 대상으로 한 연구에서 아무런 커뮤니티에도 속해 있지 않은 사람이 가장 빨리 사망한다는 결과가 나왔어요. 하나, 둘 정도도 크게 다르지 않고, 셋 이상이면 장수한다는 결과를 얻었죠.

요시다	그렇다면 5개나 10개도 괜찮나요?
이시카와	많아도 좋습니다. 어느 정도 많아야 좋을지 생각해 보면, 일류 과학자는 전문 분야를 5개 정도 가지고 있다는 연구 결과가 있습니다. 그렇기 때문에 3~5개 정도가 적절하지 않을까 하는 것이 제 생각입니다.
요시다	그렇군요. 인생에서 그 욕망들을 개발하는 시간도 많이 필요하겠네요.
이시카와	네, 그래서 '오늘 하루는 욕망 A와 B를 충족시켜야지', '이걸 해서 충족시키는 거야'하고 의식하면 좋습니다. 이건 제 이야기라 조금 부끄러운데, 그동안 저는 너무 지치고 다 싫어질 때 '그렇다면 뭐가 하고 싶어?'하고 저 자신에게 물어보면 '일단 쉬고 싶어'라고 대답하는 경우가 압도적으로 많았습니다. 무언가를 하고 싶다는 대답보다도요. 이건 욕망이 거의 없었던 거라 볼 수 있죠. 아니면 어떤 중압감에 꾹 눌려 있었을 수도 있고요.
요시다	하지만 이시카와 씨도 계속 쉬고 싶었던 건 아니잖아요. 충분히 피로가 풀리고 나면 다른 것을 하지 않았을까요?

이시카와   그렇죠. 정확하게 말하면 '내 생활에서 휴식이 가장 우선순위가 높은가? 아니라면 무엇인가?' 하고 물어보면 '생각해 본 적이 없어'라는 상태가 몇 년 전까지 이어졌습니다. 그런데 생각해도 아무것도 떠오르지 않는다는 것은 '문제 설정 자체가 나쁠' 가능성도 있어요. 우리 과학자들은 어떻게 해도 아이디어가 떠오르지 않을 때는 보통 문제 설정이 안 좋았다고 여깁니다.

요시다   그렇군요.

이시카와   문제, 즉 생각해야 할 것, 되돌아봐야 할 것은 '나 자신'이라는 사실을 깨달았습니다. 피곤하다면 무엇에 대한 피로인지, 초조하다면 원인은 무엇인지부터인지 그렇다면 어떤 일을 하고 싶은 것인지 생각하기 시작하면 '자신과 마주하는 힘'이 길러질 수밖에 없어요. 힘을 가지면 욕망도 보이기 시작합니다. 내가 현재 버려야 할 것, 취해야 할 것 나아갈 것들이 구별되면서요. 그것은 궁극적으로 행복과 연결되고요. 하지만 지금 나에게 일어나고 있는 일조차 마주하지 못한다면 '행복'을 영원히 경험하지 못할지도 몰라요.

사회의 욕망과
나의 욕망 조합하기

요시다   일류 과학자는 전문 분야를 5개 정도 가지고 있다고
하셨잖아요. 보통 한 가지를 제대로 하라고 합니다.
그만큼 하나의 분야도 제대로 파악하기 어려운데 5
개를 전문적으로 파고드는 건 어렵지 않나요?

이시카와   5개를 동시에 하는 건 어렵겠지만 인생 전반으로 보
면 가능합니다. '장기간 활동하는 과학자는 어떤 특
징이 있는가'에 관한 연구가 있습니다. 장기간 활동
하는 사람은 평균 5회 정도 대담하게 연구 분야를 바
꾸었지요.

요시다   전문 분야가 여러 가지라는 건가요? 데즈카 오사무가
만화가이면서 의학 박사였던 것처럼?

이시카와   비슷합니다. 이들은 5개 정도의 새로운 커뮤니티에서
지식과 견문을 배워옵니다. 다른 사람들이 보면 '전
혀 다르네' 하는 것들도 높은 곳에서 내려다보면 연
결된 거죠.

높은 시점에서 바라보면 시야가 넓어져서 전혀 다른 것처럼 보이는 분야도 눈에 들어오기 마련입니다. 마치 높은 산에 오르는데 여러 길이 있지만, 정상에서 내려다보면 똑같이 올라오는 길이고, 내려갈 때는 아무 곳이나 내려가도 괜찮은 것처럼 말입니다. 이것은 과학자에 한정된 이야기가 아닙니다. 지금은 누구나 5개 정도의 전문 분야를 가지고 조합할 수 있습니다. 그리고 이것이 현대 사회의 경쟁력이기도 하고요.

요시다　하나의 분야에만 집중하면 경쟁에서 이길 수 없다는 뜻인가요? 보통 하나의 주제를 제대로 하는 것도 어렵지 않나요?

이시카와　과거에는 그랬을지 모르지만, 지금은 다릅니다. 또 앞서 이야기한 것처럼 인생 전반을 펼쳐 놓고 보면, 5개가 많은 것이라 할 수 없어요. 열심히 해서 한 분야의 전문가가 되었다 해도 금방 가치가 사라질 가능성이 높습니다. 세상의 변화가 빨라졌으니까요. 예를 들어 데이터를 분석하는 데이터 과학자라는 직업이 있습니다. 그런데 최근에는 분석 자체는 누구라도 할 수 있게 되었지요.

요시다　　하긴 컴퓨터가 일반화가 되었으니까요.

이시카와　네, 예전에는 굉장히 고도의 기술이었지만, 최근 몇 년 사이에 상황이 완전히 변해서 고등학생도 어느 정도 공부만 한다면 할 수 있게 되었습니다. 분석 자체의 가치가 사라지면 분석만 해서는 생존하기 어렵게 되죠. 그렇게 되면 5가지 정도의 다른 무언가를 더해서 분석하지 않으면 안 됩니다. 직업 변화를 보면 쉽게 이해할 수 있어요.

요시다　　그렇다면 의식적으로 5개를 찾아야 하나요?

이시카와　일부러 찾으려고 하면 어렵습니다. 애초에 어떤 분야로 5가지를 골라야 할지 모르기 때문이죠. 그래서 일단은 지금 마음이 가장 끌리는 분야에 가서 집중해야 합니다. 그러다 보면 다른 것들로 이어질 거예요. 그때 새로 보이는 것에도 가보는 용기가 필요합니다. 그러다 보면 자연스럽게 분야가 늘어납니다. 여기서 중요한 게 시류는 중요하지 않다는 겁니다.

만약 취업 준비를 하는 대학생처럼 지금 세상에서 통용될만한 어떤 것들을 찾으려고 한다면 남들과 똑같은 것, 내가 원하지 않는 것들을 하게 됩니다.

요시다 '지금 취업하려면 영어회화를 하고 프로그래밍도 하면 좋겠지?'라고 생각하는 건가요?

이시카와 맞아요. 그런데 이렇게 되면 모두가 같은 것을 하게 되죠. 일단 가장 하고 싶은 일을 찾고, 그 일에서 다른 길이 보일 때 겁먹지 않고 발걸음을 내딛는 것도 필요합니다. 그리고 이것은 시대의 욕망과 나의 욕망을 조합하는 일이기도 합니다.

사회가 발전되면서 너무 많은 것들이 사라지고, 생겨나고 있어요. 이걸 거꾸로 보면 과거에는 선택지가 몇 개 없었지만 지금은 다양화되고 있다는 겁니다. 이 다양한 선택지에서 생겨난 나의 욕망을 존중하는 것, 이것이 다변화라고 생각해요.

사람에게는
의사결정의 총량이 정해져 있다

요시다   내가 원하는 것을 고른다거나, 판단한다거나 하는 것들 모두, 의사결정 같아요. 그런데 이 의사결정이 굉장히 피곤할 때가 많습니다. 사람들은 때로 결정하기 싫어서 생각조차 하지 않으니까요.

이시카와   의사결정이 싫어서 생각하지 않는다는 것은 아직 연구 결과가 없어요. 그런데 의사결정의 총량이 한정적이라는 사실은 말할 수 있습니다.

요시다   의사결정의 총량을 다 써버리면, 더는 결정하기 싫어진다는 이야기 같습니다. 의사결정의 종류도 생각해보고 싶어요. 무엇을 의사결정이라고 여기는지는 사람마다 다르겠죠?

이시카와   네, 달라요. '월요일은 이 옷'이라고 정해놓은 사람은 의사결정을 하지 않습니다. 하지만 아침이 되어서 '오늘 무슨 옷을 입지?'라고 생각하는 사람은 옷에 관한 의사결정을 해야 하죠. 여기서 알 수 있는 게 규칙에서 벗어나면 의사결정이 생겨난다는 것입니다. 예를 들어 여행을 간다고 가정하면, 평소 내가 살던 규칙에서 완전히 벗어나는 일이 됩니다. 그래서 여러 방면의 의사결정을 해야 하죠.

요시다 그렇다면 총량을 늘릴 방법은 없나요?

이시카와 늘릴 방법이 있다고는 하지만 아직 정확히 밝혀진 것은 아닙니다. 하지만 잘 쓰는 방법은 있습니다. 불필요한 의사결정은 가능한 하지 않는 것이죠.

요시다 회사 경영자가 일상생활에서 불필요한 의사결정은 하지 않는 것처럼?

이시카와 비슷합니다. 오바마 대통령이 담배를 끊는다고 했을 때 주위에서 계속 피워도 된다고 했다는 이야기가 있습니다. 담배를 끊으려고 하면 '피우고 싶다, 아니야, 참아야 해'라는 갈등에 의사결정 횟수를 굉장히 많이 사용해버리기 때문입니다. 진짜 중요한 의사결정에 사용하도록 금연은 하지 않아도 된다고 말이죠.

요시다 대통령의 의사결정은 나라의 중요한 자원이니까 낭비해서는 안 된다는 것이네요.

이시카와 맞습니다. 그리고 문명은 인간의 의사결정을 굉장히 줄이기도 하고 늘리기도 해요. 예를 들어 자동차 운전은 과거에 의사결정을 굉장히 많이 필요로 했습니다. 하지만 이제는 목적지를 설정하면 내비게이션이 알아서 다양한 경로의 조합을 알려주죠. 그걸 따라서 가면 됩니다. 내비게이션의 등장으로 새로운 곳에 갈 때 의사결정 횟수가 크게 줄었어요.

요시다 그것이야말로 컴퓨터와 인간의 연합이네요. 컴퓨터가 없었다면 의사결정이 엄청나게 필요했을 테니까요. 그렇다면 의사결정 횟수를 늘리는 건 뭔가요?

이시카와 역설적이게도 이 역시 문명입니다. 바로 인터넷이죠. 보기 시작하면 링크를 타고 끝이 없잖아요.

요시다 볼지 말지 고민하는 것도 의사결정이니까요.

이시카와 문명은 분명, 사람들의 생활을 편리하게 해주었습니다. 하지만 그와 동시에 생각할 기회를 없애버리기도 했지요. 수많은 정보를 주면서 선택을 하게 하고 거기서 의사결정을 낭비하게 했습니다. 또 사유할 여유도 줄어들고 있어요. 문명을 적절히 이용하는 것도 의사결정의 총량을 조절하는 방법입니다.

편리한 생활 속에서 커지는
'편안함'이란 욕망

이시카와   문명이 발달하면서 사람들에게는 여유 시간이 생겼습니다. 그래서 욕망도 더 다양해졌고요. 앞으로 인공지능(AI)이 발달하면 점점 더 사람들에게 여유가 생기는 시대가 될 것입니다. 하지만 그렇다고 해서 사람들이 예전보다 더 생각을 많이 한다거나 일을 많이 하는 건 아닙니다.

요시다   우리는 이미 물을 긷거나 집을 지을 필요가 없으니까요. 옛날 사람들이 우리를 본다면 진짜 하는 일이 없다고 생각할지도 몰라요.

이시카와   고대 로마 사람들은 노예가 많아서 시간도 많았어요. 로마 시민 1명이 15명 정도의 노예를 거느렸죠. 그래서 시간이 나면 정치와 학문에 몰두했어요.

요시다   학문은 알겠는데 정치는요?

이시카와   궁극적으로 가장 재미있는 것은 아마도 정치라고 생각해요. 일단 이 이야기는 놔두고……. 지금 세계는

다시 그 시대로 돌아가고 있습니다. 인공지능이 과거에 노예가 해주던 일을 대신 해주기 때문이죠.

최근에 '과거 40년간 사람의 시간 사용법은 어떻게 변했는가'에 대한 연구를 읽은 적이 있어요. 일단 일하는 시간은 줄어들었어요. 주5일제가 실시되었고, 가사노동 시간도 압도적으로 줄어들지요. 이런 의무(duty) 시간이 줄어든 대신 여가 시간이 생겼습니다.

요시다   그렇군요.

이시카와   이 여가 시간은 둘로 나눌 수 있습니다. 하나는 중립적인(neutral) 활동. 쉬거나 TV를 보는 거예요. 다른 하나는 적극적인(positive) 활동. 이쪽은 놀거나 친구를 만나거나 무언가를 배우는 것이죠. 과거 40년간을 살펴보면 지금은 일이 줄어든 만큼 적극적인 활동 시간도 줄어들었어요.

요시다   정말요? 그러면 그 대신에 늘어난 건······.

이시카와   축 늘어져 있거나 TV를 보는 중립적인 시간이 확 늘어났어요. 그런데 그렇게 하면서도 공부를 하거나 친구를 만나는 편이 더 즐겁다고 생각은 합니다. 행동으로 이어지지 않는 것뿐이죠. 왜냐하면 눈앞의 편안

생활이 편리해지면서 사람들에겐
그냥 누워 있거나 TV를 보는
중립적인 시간이 확 늘어났어요.
그러면서도 공부를 하거나 친구를 만나는 편이
더 즐겁다고 생각은 합니다.
행동으로 이어지지 않는 것뿐이죠.
눈앞의 편안함이라는
욕망을 버릴 수 없기 때문입니다.

함이라는 욕망을 버릴 수 없기 때문입니다. 앞으로도 이런 경향은 더 가속화될 거예요.

요시다   인공지능이라 하니 얼마 전부터 고민하던 게 하나 생각납니다.

인공지능이 날이 갈수록 발달하다 보니까 새롭게 뭔갈 해볼 동기부여? 같은 게 잘 안 돼요. 어차피 기술이 다 해줄 것 같거든요. 저는 영어를 잘하지 못하는데 얼마 전에 문득, 이러다 죽을 때까지 영어로 술술 말하지 못하는 건 아닐까 하는 생각이 들었습니다. 그러다가도 번역 어플이 있으니까 괜찮아! 하면서 자기 위안을 하죠. **이것도 제가 편안함이란 욕망을 따라간 것 같아요. 아마 많은 현대인이 그러지 않을까요? 운전면허를 따지 않아도 머지않아 자율주행 차가 나오니까 지금 안 따도 돼!** 하면서요.

이시카와   인공지능이 더 발달하면 아마도 지금보다 훨씬 편리한 생활이 가능하겠죠. 저도 앞으로 살아가는 데 영어 능력이 필요할지 그렇지 않을지 최근에 생각해본 적이 있어요. 결론적으로는 역시 필요하다고 생각했습니다. 커뮤니케이션이 목적이 아니더라도 외국어를 공부하면 삶이 풍부해지니까요.

요시다 뭔지 알 것 같아요. 다른 언어를 사용하면 세상에 대한 감수성이 전혀 달라진다고 생각해요. 다른 언어로 사고할 수 있으면 모국어로 생각하다가 막혔을 때 시점을 완전히 바꿔볼 수 있으니까요.

이시카와 맞습니다. 그런 면에서 아날로그적 기술을 익혀두는 게 삶의 질 면에서 좋다고 생각해요. 기계나 문명 같은 것과 균형을 이루기 위해서라도요.

얼마 전에 '미래의 아이들은 도대체 누구와 이야기를 할까?'라는 의문이 들었습니다. 아마 기계와 이야기하는 시간이 지금보다 엄청나게 늘어날 것 같다는 생각이 들었어요. 느리게 일어난 변화이기 때문에 모두가 알아채지 못했지만, 우리는 이미 사람과 얼굴을 보는 것보다 기계를 보고 있는 시간이 더 길어요.

요시다 일도 마찬가지예요. 메일이나 SNS로 주고받는 시간이 더 많죠. 연인들도 서로의 얼굴보다는 기계를 마주하는 시간이 더 길 겁니다.

이시카와 맞아요. 휴대폰이나 TV나 컴퓨터를 보는 시간, 그러니까 기계와 마주하는 시간이 훨씬 길어졌어요. 그러다 조금씩 대화를 하기 시작했죠. 기계 자체와요. 이미 기계에 말로 질문하면 답하는 시대가 열렸습니다. 아마 앞으로는 기계와 이야기를 잘 나누는 것이 굉장히 중요해질지도 몰라요. 이를 역으로 생각해보면, 정확한 언어를 사용해서 기계가 잘 알아듣도록 하는 것이 중요해질지도 모릅니다. 이는 인간다움을 잃지 않는 것과도 맥을 같이 해요.

일하는 시간이 줄어들면서 편안함이 생겨났지만, 그 편안함을 잘 이용하지 못하면 행복도는 급격히 떨어집니다. 행복이 기쁘다, 좋다 이런 느낌으로만 구성되어진 건 아니라고 생각해요. 지금 현재 제대로 살고 있다는 자기 확신도 중요합니다. 그런 의미에서 문명을 멀리할 필요도 없지만 너무 많은 것을 맡겨둘 필요도 없다고 봐요.

행복은 아마도
나만의 축제를 발견하는 것

요시다   '어떻게 하면 행복해질 수 있을까?'라는 질문의 구체
        적인 답도 이쯤해서 알아보고 싶습니다.

이시카와 그 질문의 답을 생각하기 위해서는 먼저 인류의 지능
        발달을 짚고 넘어가야 합니다. 사실 인류의 평균 IQ
        는 꽤 많이 높아졌어요. 100년 전 사람들의 IQ는 현
        대의 기준으로 보면 약 70 정도입니다. 지금이라면
        지적장애로 분류되는 수치죠.

요시다   100년 사이에 꽤 많이 높아졌네요.

이시카와 그렇습니다. IQ에도 여러 항목이 있는데, 특히 '분류'
        와 '추상화'라는 두 항목에서 눈에 띄게 증가했습니다.

요시다   그건 구체적으로 어떤 능력이죠?

이시카와 예를 들어 '개, 고양이, 벼를 두 그룹으로 분류하라'는
        문제가 나오면 요시다 씨는 어떻게 대답하시겠어요?

요시다   일반적인 대답은 '개와 고양이', 그리고 '벼'겠지요?
        '동물'과 '동물이 아닌 것'.

이시카와   당연히 그렇게 생각하겠죠. 하지만 100년 전에 살았던 사람이라면 아마도 이 분류가 불가능할 거예요. 애초에 개와 고양이가 동물이라는 사고, 즉 '추상화'가 불가능했거든요.

요시다   그렇군요! 그런 추상화가 되지 않으면 분류도 불가능하겠네요.

이시카와   맞아요. 최근 100년 동안 인류는 추상화와 분류에 굉장히 능숙해졌죠. 이것과 함께 굉장히 향상된 지적능력이 '상상 속의 일(가정)을 진지하게 받아들이는 것'입니다. 이것은 '만약 자신이 ○○라면'이라는 가정을 전제로 사고하는 능력입니다. 사회가 복잡해지면서 이 세 가지 사고 습관이 점점 발달한 것이죠.

여기서 '어떻게 하면 행복하게 살 수 있을까?'라는 문제로 되돌아가면, 100년 전에는 1년에 한두 번 정도 있었던 축제가 보편적 '즐거움'이라 할 수 있어요. 그때 사람들이 개인적인 즐거움을 어떤 식으로 누렸을지는 추측하기 어렵겠지만요. 그런데 사회가 복잡해지고 지적능력이 발달된 지금은 즐거움의 종류가 굉장히 많아졌습니다.

100년 전에는 1년에 한두 번 정도 있었던 축제가
보편적 '즐거움'이라 할 수 있어요.
그런데 사회가 복잡해지고 지적능력이 발달된 지금은
즐거움의 종류가 굉장히 많아졌습니다.
그래서 각각 나만의 '축제'를 발견해야 해요.

요시다   '무엇을 할 때 즐거운지'에 대해 각자 답을 찾아야 하
는군요.

이시카와   각각 나만의 '축제'를 발견해야 해요. 내가 무엇을 할
때 즐거운지를 이해하기 위해서는 과거에 즐거웠던
경험을 '분류'해서 '추상화'하는 작업이 필요합니다.
예를 들어 학생 시절에 즐거웠던 일을 분류한 다음
다시 살펴보면서 '어쩌면 나는 이런 것을 즐겁다고
느끼는지도 몰라'라고 추상화할 수 있다면 다음으로
나아갈 수 있습니다.

요시다   그러면 '자신이 무엇을 할 때 즐거운지 모르겠다'는
사람은 추상화와 분류를 잘하지 못하는 건가요?

이시카와   아직 발견하지 못했거나 외면하는 사람이겠죠.

좋아하는 것만 좋아하면
그 속에 갇혀버리지

요시다 　①추상화, ②분류, ③상상 속의 일을 진지하게 생각
　　　　한다……. 그런데 이건 전부 '오타쿠'가 하는 일인데
　　　　요? 그러고 보니 현대사회에서 가장 잘 즐기는 사람
　　　　은 '오타쿠'인 것 같아요. 게임 오타쿠들을 예를 들어
　　　　본다면 좋아하는 게임을 하면서 자기가 끌리는 캐릭
　　　　터를 선택하고 그 캐릭터에 감정이입을 해요. 그리고
　　　　캐릭터가 못하는 것들은 피하고 잘하는 것을 선택하
　　　　면서 플레이를 하죠. 광고 프로듀서가 애니메이션 팬
　　　　을 보고 한 말이 있어요. "저 사람들은 즐기는 데 정
　　　　말 천재예요!"

이시카와 　오타쿠들은 이론이 아니라 감정의 세계에서 살고 있
　　　　군요.

요시다 　작품을 마주하면서 '이게 좋아', '저건 싫어'라는 식으
　　　　로 감정을 모니터링하죠. 이론도 물론 좋아하지만요.
　　　　아, '이론'을 감정적으로 좋아하는 건지도 몰라요.

．
．
．

자신에게 좋은 것만 골라내는 것도
바람직하지만은 않아요.
좋은 것을 골라내는 일도 중요하지만
싫어하는 것과 경계를 낮추는 일도 중요합니다.
'좋아!'의 정도가 심해져 그것만 가지고 내달려버리면
장기적으로 손해라고 할 수 있거든요.

이시카와   좋고 싫은 감정으로 일을 처리하면 '분류'가 굉장히
        빨라집니다. 자신에게 필요한 것을 찾는 속도가 빨라
        진다는 뜻이죠. 두꺼운 책의 페이지를 넘기면서도 좋
        아하는 것만 재빨리 발견하는 능력이 생겨요. 그런데
        많은 이가 자기 감정과 마주하기 어려워서 오히려 무
        시해버립니다. 그런데 계속 그러다 보면 진짜 자신이
        무엇을 좋아하는지, 무엇을 하면 즐거운지 알 수 없
        게 되죠. 그런데 이렇게 자신에게 좋은 것만 골라내
        는 것도 바람직하지만은 않아요. 좋은 것을 골라내는
        일도 중요하지만 싫어하는 것과 경계를 낮추는 일도
        중요합니다. '좋아!'의 정도가 심해져 그것만 가지고
        내달려버리면 장기적으로 손해라고 할 수 있거든요.

요시다   아, 앞서 말했던 부정적 감정의 강점처럼요?

이시카와   맞습니다. '자신에게 유리한 정보만 모으는 것'은 편
        향이기 때문에 성장으로 이어지기 어려워요.

요시다   이시카와 씨는 항상 균형을 추구하는 것 같습니다.
        과학자라 그런 걸까요?

이시카와   과학자는 싫어하는 것, 잘하지 못하는 것을 의식하도
        록 트레이닝을 받습니다. 좋아하는 분야에만 머무르

다 보면 자신만의 좁은 세상에 갇혀버리니까요. 와인 소믈리에도 마찬가지예요. 처음에는 좋아하는 와인만 마셔도 괜찮지만 소믈리에 공부를 시작하면 좋아하지 않는 와인도 마셔야 합니다. 그런데 그 과정에서 '아, 이런 맛도 의외로 괜찮네' 하고 새로운 발견을 하는 경우도 있어요. 이것이 가능하다면 보이는 풍경이 확실히 넓어집니다. 그러니까 나는 '이것이 좋다'는 결정을 하기 전에 여러 길을 돌아보는 편이 훨씬 이득이라고 생각해요.

요시다　그렇다면 '좋아하는 일'과 '잘 못 하는 일'을 어떻게 섞으면 가장 좋을까요?

이시카와　**좋아하는 일은 자연스럽게 하게 되기 때문에 의식적으로 시도해야 할 것은 '싫어하는 일은 얼마나 해야 할까'라는 부분이 되겠네요.**

요시다　진짜 그렇네요. 저도 비슷한 경험이 있습니다. 싫어하는 일까지는 아니었지만요. 라디오 진행을 하게 되었을 때 '경험을 늘려라'라는 말을 듣고 실천해봤습니다. 예를 들어 가끔 들르는 카페 같은 경우도 매일 다른 가게에 가는 거죠. 스타벅스와 오래된 카페가 있다면 대부분이 가본 적 있는 스타벅스로 들어갈 거예요. 하지만 거기서 가본 적 없는 오래된 카페를 선택하는 거죠. 그런 의사결정을 의식하는 트레이닝을 1년 정도 매일 했습니다. 편의점도 계속 바꾸고 길도 다른 길도 돌아가보고요.

이시카와 그러다 보면 분명히 어떤 발견이 있을 거예요.

요시다 네, 여러 가지 경험을 쌓는 것이 좋았습니다. 안전하고 안심할 수 있는 길로만 다니다 보면 어딘가에 갇혀버리니까요. 애초에 잘하는 일은 한두 가지밖에 없는 것이 일반적이잖아요. 그렇게 생각하면 대부분의 일이 잘 못 하는 일일지도 몰라요. 참고로 아들러 심리학에서는 '이 세상에 실패라는 것은 없고 잘 못하는 일을 배울 뿐이다'라고 말합니다. 이렇게 보면 '행복하게 사는 방법'을 일반화할 수 있을 것 같은 느낌이 들어요. 정리해보면 먼저 ①'좋아하는 것'을 기준으로 잘하는 하나를 발견하고, ②그다음 어느 정도까지 '능숙'해지면 잘 못 하는 일도 시도해보는 것입니다.

이시카와 그러다 보면 즐거움도 늘어나지요. 두려움 없이는 행복도 발견하기 어려워요.

3

관계 바라보기

이 사람 '이면'
괜찮아

먹이를 나눠주는
인간의 마음이란

요시다 　이제 다른 이야기를 좀 해봤으면 합니다. 사실 행복
이란 느낌, 상태는 관계에서 생겨나는 것도 많잖아요.
사람이나 사랑 같은 이야기를 나눠보고 싶어요. 이시
카와 씨는 사람들이 맺는 관계에 대해서 어떻게 생각
하시나요?

이시카와 　그것을 이야기하려면 먼저 공동체를 맺는 본능을 짚
고 넘어가고 싶군요. 앞에서 데즈먼드 모리스의 이야
기가 잠깐 나왔는데 모리스의 연구를 더 발전시킨 사
람이 교토대학교 총장인 야마기와 주이치 교수입니
다. 고릴라 연구자로 《고릴라》라는 재미있는 책도 쓰
셨는데 모든 이야기를 정글에 비유하는 분이죠. 이
분이 한 말씀 중에 '아, 진짜 그렇네' 하고 공감한 대
목이 있습니다. 약 300종의 영장류 중에서 오직 인간
에게만 발견되는 행동이 있는데, 바로 처음 보는 남
에게 '먹이를 준다는 것'입니다.

요시다 　 아, 그런가요? 그런데 동물들도 먹이를 양보하지 않나요?

이시카와 　 다른 영장류나 포유류도 새끼나 커뮤니티에는 먹이를 나눠주지만, 전혀 모르는 생판 남에게 먹이를 나눠주는 것은 인간밖에 없습니다. 어떻게 이런 행동이 가능한지 저 나름대로 생각을 해봤더니 괴로워하는 사람, 곤란한 상황에 처한 사람에게 손을 내미는 행위는 인간에게 기분 좋은 일, 그러니까 행복한 일이기 때문이라는 생각이 들었습니다. 즉 배려나 측은지심이 인간의 본질 중 하나라는 거죠.

요시다 　 굉장히 좋은 본질이네요.

이시카와 　 그리고 또 하나, 이건 추측이기는 하지만 인간이 먹이를 나눠줄 수 있기 때문에 생존했고, 장거리 이동도 가능했다고 생각합니다. 그러니까 공동체를 이루고 음식을 서로 나누었기 때문에 굶주리지 않고 살아남았다는 거죠. 사람들은 더 안전하기 위해, 살아남기 위해 공동체를 이루었습니다. 그리고 먹이를 나눠주는 행위를 반복하면서 미지의 토지에 가서 새로운 생활을 개척했고 그곳에서 아이디어를 얻을 수 있게 되

괴로운 사람,
곤란한 상황에 처한 사람에게 손을 내미는 행위는
인간에게 기분 좋은 일,
그러니까 행복한 일이라는 생각이 들었습니다.
배려나 측은지심이 인간의 본질 중 하나라는 거죠.

었다는 거죠.

또 굳이 새로운 토지에 정착하지 않더라도 새롭게 얻은 아이디어나 식량, 물건 등을 가지고 집으로 돌아와 전파하면서 지성이 발달한 것 아닐까 하는 생각이 들었습니다. 요약하자면 (1)새로운 아이디어를 얻기 위해 밖으로 나간다, (2)그것을 커뮤니티 안에서 공유한다. 이것이 기본적인 인간의 행동이 아닐까 합니다.

요시다   적절한 설명 같아요.

이시카와   그리고 저와 같은 과학자들이 하는 것이 (3)새로운 아이디어를 생각하는 것이죠. 정리하면 새로운 아이디어를 만들어내기까지는 세 가지 활동이 있습니다. 이때 이 활동이 잘 기능하려면 최대 10만 명이 필요하다고 합니다. 10만 명을 넘으면 아이디어를 공유하기가 어려워지죠.

요시다   그렇군요.

이시카와   이 10만 명도 세세하게 나뉘어 있습니다. 부족이나 집안과 같은 커뮤니티는 150명이 최대고 그 안에서 정말 가깝게 교류할 수 있는 사람은 6명이라고 합니다. 6, 150, 10만이라는 숫자는 현재 상황에서의 연구 결과입니다. 즉 새로운 아이디어를 공유할 때 중요한 것은 친구 6명을 어떻게 만들 것인지, 자신이 핵심이 되는 150명의 커뮤니티를 어떻게 만들 것인지, 10만 명이 사는 도시를 어떻게 선택할 것인지……. 이런 식으로 생각하다 보면 연구자 같은 시점을 가질 수 있겠죠? 이 세 가지의 균형을 어떻게 맞췄을 때 개인이 가장 잘 살아남을 수 있는지에 대한 연구도 있습니다.

요시다   이 세 가지 활동의 최적 균형이라는 것도 있나요?

이시카와 놀랍게도 10이라는 에너지가 있다고 하면 9는 새로운 아이디어를 찾으러 밖으로 가는 데, 1은 커뮤니티 안에서 공유하는 데 사용하면 좋다고 합니다. 자기들끼리 새로운 아이디어를 굳이 생각하지 않아도 된다는 거죠.

요시다   어? 그렇다면 새로운 아이디어는 어떻게 내죠? 아까 말씀하신 것처럼 연구자는 새로운 생각을 하는 사람 아닌가요?

이시카와 과학자나 크리에이터라 불리는 사람들이 그렇죠. 예술가들도 마찬가지고요.

요시다　하고 싶은 사람이 하면 된다는 뜻인가요?

이시카와　맞습니다. 자기가 하고 싶어서 하는 사람들이 나오기 마련이거든요.

요시다　새로운 아이디어를 만드는 행동에 대해서는 누군가가 '해라'라고 말할 필요가 없다는 건가요? 누군가가 커뮤니티 전체를 보고 밖으로 나가는 그룹과 안에서 공유하는 그룹으로 나누지 않아도 되나요?

이시카와　할당해주는 편이 효율에 좋을지는 모르겠지만 나눈다고 그대로 되지는 않습니다. 탐험가, 예술가 등이 모두 시켜서 하는 것은 아니잖아요? 어쨌든 **인간이란 누군가는 나갔다 돌아오고 누군가는 기다리며 지키고, 누군가는 음식을 나눠주며 지금까지 살아왔습니다. 인간이란 공동체나 관계를 떠나서는 생각하기 어려운 존재라는 거지요.**

127

위험하더라도
지금 '이곳'을 떠나고 싶어

이시카와   그런데 고독을 즐기고 탐험 정신이 있는 '고독 유전자'의 사람이 있어요. 이 유전자를 가진 사람은 멀리 마을 밖으로 나갑니다. 자신이 살던 마을 안에 있으면 안전할 텐데 새로운 곳을 개척하죠. 아무리 깊은 산속 마을이라도 바깥세상으로 나가는 사람은 반드시 있기 마련입니다.

요시다   아, 맞아요! 개척자들이 그렇죠. 그런데 커뮤니티 안에 있는 것보다 밖으로 나가는 게 당연히 더 위험하잖아요. 그러면 '개척자'들의 생존 확률이 낮아지지 않나요?

이시카와   네, 그런데 그들이 있어서 인류가 지속됩니다. 전염병이 돌아 마을 전체가 전멸해도 그 사람은 살아남지요. 때로는 새로운 토지와 자원을 발견하기도 하고요. 그렇기 때문에 개척자가 인류 전체의 생존 확률을 끌어올린다고 할 수 있습니다. 불안정하고 위험한 것은 사실이죠. 모험가 개인으로 보면 손해도 막심하고요. 그래도 전체적으로 보면 이런 사람들이 있어서 세상이 더 좋아집니다.

요시다 고독 유전자를 가진 사람이 꼭 손해를 보는 건 아닌 거 같아요. 새로운 가치관을 가질 수 있으니 크게 성공할 가능성도 있을 것 같습니다. 성공하려고 밖으로 나가는 건 아니겠지만요.

이시카와 개척자들은 밖으로 나가지 않을 수 없어요. 지금 '이 상태'와 '여기'가 행복하지 않기 때문이죠. 밖에 나가서 위험할 수도 있지만 지금 여기 머무르는 건 견딜 수가 없는 거예요.

케냐에서 편의점 사업을 하는 여성분이 있는데, 그 사람은 예전부터 일본이 맞지 않았던 것 같아요. 그런데 아프리카에 가면 마음이 정말 편해지고 내가 있을 곳이라는 생각이 들었다고 합니다. 어쩌다 일본에 돌아오면 '빨리 케냐로 돌아가고 싶다'는 생각이 드는 거죠.

요시다 그건 감각적으로 그렇게 느낀다는 거죠?

이시카와 맞습니다. 그것은 거의 본능과 같아요. 굳이 개척자까지 생각할 필요도 없습니다. 회사가 맞지 않아서, 공부가 싫어서, 연인이나 배우자가 싫어서 떠나는 사람들을 생각해보세요. 타당한 이유도 분명 있겠지만 그렇게 하지 않으면 견딜 수 없는 '본능' 지금 현재 '행복'하지 않은 '느낌'이 있기 때문이에요. 그래서 손해를 보더라도 위험하더라도 자리를 박차고 일어나는 거죠. 그리고 새로운 장소, 새로운 직장, 즉 새로운 커뮤니티를 형성하며 행복해지기도 합니다.

앞서 이야기한 그 여성 분은 케냐에 가서 새로운 세계를 개척했어요. 케냐에는 상품의 정가라는 것이 없고 고객에 따라서 가격이 달라진다고 해요. 그래서 그 여성분이 상품에 가격을 써서 '누가 와서 사도 이 가격입니다' 하고 물건을 팔아봤더니 엄청난 혁신이라는 평가를 받았다고 해요. 그분은 자기 자신에게 행복한 자리를 찾고 케냐에는 새로운 문화를 알린 거죠.

연애를 책으로 배운
과학자의 헛발질

요시다   자, 이제 큰 관계를 알았으니 작은 관계도 한번 짚어

볼까요? 이시카와 씨는 언제 연애를 시작하셨나요?

사랑은 인간에게 정말 큰 행복과 불행을 선물한다고

하는데, 언제 그 행복과 불행을 경험했는지 물어도

될까요?

이시카와   저는 연애를 굉장히 늦게 시작했어요. 남중, 남고를

나왔는데 학창시절에는 대학에 들어가면 연애를 해

야 한다고 생각했습니다. 당연히 여성에 대해서는 아

무것도 몰랐죠. 그러다 대학에 입학하고 보니 어떻게

여자친구들과 이야기를 해야 할지 하나도 모르겠는

거예요. 지금도 잘 모르지만요. 그래서 우선 여성에

대해 공부해야겠다고 생각했죠.

요시다   모든 걸 연구부터 시작하시는군요.

이시카와   맞습니다. 일단 상황이 이해가 되어야 했으니까요. 그

런데 **여자친구를 사귀는 건 시험 보는 것과는 달랐어**

요. 여성에 대해 알기도 해야 했지만 상대방에게 '선택'을 받아야 했으니까요. 그래서 상대방에게 선택받을 수 있는 사람이 될 방법을 찾아야겠다고 생각했죠. 그 생각을 하고 국회 도서관에 갔습니다. 그리고 과거 30년분의 여성잡지를 찾아서 계속 읽었어요. 여성들이 어떤 남자를 좋아하는지 알기 위해서요. '여자가 좋아하는 남자의 순위'와 같은 기사를 읽다 보니 '믿음이 가는 남자' '의지가 되는 남자'가 보이더군요. 그렇다면 내가 여성들에게 도움이 되려면 어떻게 해야 할까? 하는 생각을 하다가 '다이어트'에 눈이 갔습니다.

요시다   그런 거군요! 그게 이시카와 씨가 다이어트 연구자가 된 계기인가요?

이시카와   맞아요. 30년분의 여성잡지를 조사한 결과 여성들이 가장 고민하는 문제는 '다이어트'였어요. 여자들은 항상 살이 쪘다고 말하잖아요. 어린 시절 저희 어머니도 항상 그런 말씀을 했어요. 그땐 그냥 흘려들었지만요. 만약 다이어트를 제가 잘 알게 되어서 여성들에게 도움이 된다면 선택받을 수도 있겠다는 생각이 들었죠. 여기서부터 저의 다이어트 연구가 시작되었습니다.

다이어트 연구는 학문의 종합격투기 같은 부분이 있어요. 일단 체중의 추이가 어떻게 변하는지를 보려면 연립미분방정식이 필요하니까 수학을 공부해야 해요. 체중을 늘이거나 줄이는 습관을 분석하려면 뇌과학도 알아야 해요. 사회에서 가난한 사람일수록 살이 찌기 쉽다는 사회적 문제도 있죠. 이렇게 보면 다이어트가 인생의 축소판인 것 같기도 해요. 그리고 어느 순간 깨달았어요. 다이어트는 인류가 오랜 시간 해결하지 못한 문제라는 사실을요.

요시다 '다이어트'나 '대화법' 관련 책은 절대 사라지지 않을 거라고 하잖아요.

이시카와 다이어트 문제는 사실 고대 로마 시대부터 있었는데 아직 해결되지 않았죠. 아직 해결되지 않은 문제를 푼다면 진짜 대단한 일이잖아요? 그렇게 다이어트 연구에 푹 빠져서 지내다 보니 20대가 끝나 있었어요.

일부일처제는
다양성을 위한 것이야

요시다   이시카와 씨, 지금은 결혼도 하시고 아이도 있으시잖
         아요. 다이어트 연구로 20대를 보내셨는데 어떻게 결
         혼하게 되셨어요?

이시카와   저는 일단 '현대사회에서 결혼이 가지는 의미'에 대
         해서 생각했어요.

요시다   정말 남다르시네요.

이시카와   현대사회에서 한 명의 이성을 선택하는 걸 '결혼'이
         라 부르죠. 그런데 옛날에는 달랐어요. 유전자를 조사
         해보면 기본적으로 남자 1명에 여성 2명이 평균이었
         어요.

요시다   정말요?

이시카와   예를 들어서 아프리카 콩고강 북쪽에 사는 원숭이 무
         리에서 태어나는 새끼의 50~60% 정도는 대장 원숭
         이의 새끼예요.

요시다   그러면 대장 원숭이 외 대부분의 수컷은 자식이 없는

거네요.

이시카와 　인간도 옛날에는 돈이 많거나 권력 있거나 힘이 센 남성만이 부인을 얻었죠. 그리고 여성들은 자신과 태어날 아이의 생존을 위해 강한 남성을 선택했고요. 우성 인자를 남기려는 자연의 법칙 같은 겁니다. 남녀 모두에게 자연스러운 일이었죠. 그러다 일부일처제라는, 우리가 '결혼'이라고 부르는 제도가 정착되었습니다. 저는 이 경위가 의미하는 바에 대해 먼저 생각했어요. 너무 멀죠?

요시다 　결혼을 위해 그 사고 프로세스를 거친 거예요?

이시카와 　네, 일부일처제가 의미하는 바를 이해하지 못하면 앞으로 나아가지 못하니까요.

　　　　콩고강 남쪽에는 보노보라는 침팬지 종이 살고 있어요. 원숭이와 보노보를 비교해보면 원숭이는 수컷의 발정기가 짧습니다. 1년 중 아주 짧은 기간이죠. 그렇기 때문에 수컷 쪽에서 보면 짝짓기를 할 수 있는가 없는가는 희소 자원 경쟁이 됩니다. 이에 비해 보노보는 언제든 짝짓기가 가능합니다. 섹스가 넘쳐나죠.

요시다 　공급량 자체가 완전히 다르네요.

이시카와   짝짓기라는 자원이 희소한지 아닌지에 따라 몇 명과 결혼하는지가 결정된다고 생각했습니다.

요시다   그렇다면 보노보는 일부일처제인가요?

이시카와   일부일처제에 가까워요. 아무 때나 짝짓기가 가능하다 보니 자원이 풍족한 거죠. 하지만 원숭이는 발정기가 짧기 때문에 자원이 희소하고, 그렇다 보니 가장 힘센 유전자만이 살아남는다고 생각했습니다. 또 이렇게 자원이 넘치다 보면 약한 보노보들도 짝짓기를 할 기회가 생기죠. 인간처럼요.

일부일처제가 자리 잡은 것을 여러 학문으로 연구해보면 다양한 이유가 있겠지만, 일단 생물학적 관점으로 보면 저의 결론은 이렇습니다. '아무 때나 짝짓기가 가능한 인간'이 '진화'를 추구하기 위해 일부일처제를 선택했다고요. 과거 인간도 강한 남성 1명이 많은 부인을 두었지만 일부일처가 점점 퍼져나가면서 '다양성'이 생겼습니다. 살아가는 모양새가 다양해진 거죠.

요시다   조금 더 자세히 설명해주세요.

이시카와   진화의 본질은 다양성을 만드는 거라고 생각합니다.

다양성은 한 사람의 권력자 밑에서 많은 사람이 종속되어 고만고만하게 살아가는 것이 아닌, 각각의 생활을 가능하게 합니다. 현대사회도 그런 의미에서 다양성이 만들어지고 있다고 할 수 있어요. 유전적으로도 진화하고 평화로운 세상으로도 진화하기 위해 일부일처제가 정착된 것이라고 생각해요.

요시다   사회의 효율성, 사회 전체를 풍요롭게 하기 위해서인가요?

이시카와   맞아요. 소수가 부를 독점하고 나머지 사람들은 힘들게 사는 것이 아니라 모두가 행복해지는 제도가 일부일처제라는 결론을 내렸습니다.

이성과 감성을 무한 왕복하는
연애

이시카와   다음 단계로 '사람은 언제 결혼하는가?'라는 질문에
대해서 생각했습니다. 이 문제에 대해서는 시카고대
학교의 게리 베커 교수의 연구를 참고했죠. 베커 교
수는 동거, 결혼, 인종 차별, 범죄 등 인간의 일상적인
일을 경제학적인 관점에서 모델화한 것으로 노벨상
을 받았습니다.

요시다   경제학적 관점이라, 흥미로운데요?

이시카와   네, 게리 베커는 계약과 거래, 즉 경제학적 관점에서
결혼을 보았습니다. 결혼 후에 이루어지는 공동의 경
제라는 이익과 서로의 노동을 보완한다는 거래를 건
드렸지요. 물론 '사랑'도 중요한 요소이며 바탕이라
고 말합니다. 하지만 기본적인 관점은 경제학이에요.
결혼이나 출산 모두 각자의 계산 속에서 이루어지
고 있다는 것인데 사실, 많은 사람이 인정하고 있지
만 공공연하게 말하지는 않는 내용이지요. 이런 건조

하고도 냉정한 연구, 그러니까 과학적인 연구가 눈에 들어왔습니다. 그리고 게리 베커의 연구와 함께 다양한 연구를 살펴본 결과, **'결혼은 결심이 먼저'라는 생각이 들었습니다. '좋은 사람이 있으면 결혼해야지' 하고 생각만 한다면 결혼이 어렵겠다고 결론을 내린 거지요.**

그래서 저는 '결혼해야겠다'라고 생각한 후에 지금의 아내를 만났습니다. 결심 후에 꽃구경을 갔다가 우연히 만났어요. 그리고 그녀를 본 순간, 결혼해야겠다고 생각했죠. 그때부터 부지런히 쫓아다녔습니다.

요시다 　 굉장히 과학적으로 시작하다가 낭만적으로 맺어졌네요. 첫눈에 반하신 건가요? 첫 만남에서 결혼해야겠다고 결심한 이유는 뭔가요?

이시카와 　 아마도 직감이겠죠. 본능에 반응한 것뿐이라고 생각합니다. 왜 마음에 들었는지에 대해 이유를 붙이자면 아내도 같은 연구자였다는 것과 같은 이유를 얼마든지 찾을 수 있어요. 그래도 역시 직감인 것 같아요.

요시다 　 지금의 이야기, 아내분께 하시면 실망하거나 화를 내지는 않을까요?

이시카와 벌써 알고 있어요. 별로 불쾌해하지 않던데요. '만난 순간 결정했다'라고 하면 거기에 대해서는 특별한 이유가 있을 수 없으니까요.

요시다 그런데 직감은 고도의 연산처리라고 생각해요. 직감으로 맞다/틀리다를 결정한 이상 그 외의 것은 생각할 수 없으니까요.

이시카와 드라마처럼 연애를 시작했지만, 풀어야 할 문제들은 많았어요. 사실 제 '직감'이란 건 제 생각일 뿐, 당시 여자친구였던 아내에게는 납득하기 어려운 이야기였으니까요. 아무리 말로 표현해도 왜 자신을 선택했는지 의문은 사라지지 않을 거라 생각했습니다. '나를 좋아한다는 건 잘 알겠어, 그런데 왜 내가 아니면 안 된다는 거지?' 뭐 그런 거죠. 이 부분이 의문으로 남는 한 의사결정을 하지 않을 거라 생각했어요. 그래서 제가 생각한 것이 미래의 이야기를 많이 하자는 거였죠. 그리고 아내가 좋아할 만한 남성이 되려고 이미지 훈련을 했습니다.

요시다 미래의 이야기와 이미지 훈련이요?

이시카와 네, '만약에 결혼을 한다고 가정하면, 그다음에는 어떤 생활이 좋을까?', '할머니, 할아버지가 되면 어떤 곳에서 살고 싶어?'와 같은 질문들을 아내에게 자연스럽게 던졌죠. 그리고 제게도 했습니다. 결혼했다는 전제에서 상상의 나래를 펼치는 거예요. 뇌는 기본적으로 시뮬레이션을 하다 보면 점점 익숙해지기 마련입니다. 이 사람 '이라면' 괜찮겠구나 하는 생각이 들죠. 물론 정 반대도 있습니다. 상상 속에서 직감적으로 이 사람은 '안' 되겠다라는 판단이 들기도 하죠. 그것 역시 본능입니다.

요시다   아, 시뮬레이션 플랜이네요.

이시카와   이것은 제가 평상시에도 많이 사용하는 방법입니다. 농구 연습을 할 때도 실제로 공을 던지는 연습과 이미지를 통한 연습의 효과가 크게 다르지 않다는 연구 결과도 있으니까요.

요시다   진짜요?

이시카와   그 정도로 이미지를 그리는 힘이 뇌에 미치는 영향은 큽니다. 다르게 말하자면 이미지 훈련은 본 게임(연애·결혼)을 위해 꼭 필요한 연습이에요. 이런 연습을 하지 않고 '좋아해!', '결혼하자!'라고 말하는 건 자신의 사정이고 욕구의 강요라고 생각해요.

저 같은 사람은 아무리 노력해도 절대 '이 사람이 좋아'가 될 수 없다고 생각했어요. 그래서 '이 사람이면 괜찮아' 타입의 남자친구, 남편이 되기로 결심하고, 만난 후 반년 동안 이미지를 가질 수 있도록 여러 가지로 노력했더니 '이 사람이라면 결혼할 수 있을지도 몰라'라는 이미지가 만들어졌어요. 그리고 아내에게 오케이 사인이 떨어진 거죠.

결혼이란, 이 사람 '이면'
괜찮아

요시다   후반부는 너무 생략하신 거 같은데요. 그런데 지금
이야기를 듣다 보니 이시카와 씨는 처음부터 일정한
규칙을 가지고 아내분과 만나신 것 같습니다. 그 규
칙을 아내분이 공유했기 때문에 결혼할 수 있었던 건
가요? 아니면 이시카와 씨가 부인의 규칙을 파악하고
맞추신 건가요?

이시카와   저는 맞추지 않았어요. **결혼이란 의사결정이 모이는
거라 생각해요. '저는 이렇게 결정했습니다. 이다음은
당신이 결정해주세요'라는 거죠.** 그런데 아마 언제까
지고 확실하게 결정할 수는 없을 거예요. 진짜 이 사
람인지에 대한 결정은요. 그건 결혼을 하고 나서도
계속되지 않을까요?

요시다   아, 그렇죠. 아내가 있는 사람이 할 말은 아닌 것 같지
만, 결혼에 대해서는 '이 사람도 물론 괜찮지만 이 사
람이 아니었다면 어땠을까?'라는 생각도 많이 하는

것 같아요.

이시카와 반대로 저는 여자 쪽에서 '진짜 이 사람으로 괜찮을
까?', '더 좋은 사람이 있지 않을까?' 이런 고민을 할
거라 여겼어요. 그래서 결론을 내린 것이 '이 사람이
면 괜찮지 않을까'라는 생각이 들도록 하는 게 중요
하다는 거였어요.

그러니까 이 사람 '이면' 괜찮다는 생각이 들어야 합
니다. 저나 상대방 모두에게요. 당시 저는 아내와 결
혼을 결심한 후였기 때문에 아내에게 그 마음이 들도
록 하는 게 남은 숙제였습니다. 그러기 위해서는 '이
사람은 이만큼 나를 사랑하는구나. 이 사람은 사랑해
도 괜찮겠구나'라는 확신을 줘야 했죠. 그래서 고민
하다가 편지를 쓰기로 했어요. '왜 당신을 좋아하는
지'에 대해서 쓴 거죠.

요시다 뭐라고 썼나요?

이시카와 그냥 별 의미 없는 것들이죠. 웃는 얼굴이 어떻고 하
는…….

요시다 별 의미 없다고 하시면 안 되죠.

이시카와 일단 이 사람의 좋은 점을 100가지 쓴다고 생각했어

결혼 결정을 할 때면
이 사람 '이면' 괜찮다는 생각이 들어야 합니다.
저나 상대방 모두에게요.

요. 그때 중요하게 여긴 것이 '점'이에요. 어떻게 보면 뻔하고 어떻게 보면 특별한 그 사람의 장점을 하나씩 짚어가며 썼습니다. 쓰다 보니 여자친구의 장점이 무척이나 많았습니다. 저 자신이 평소에 느끼지 못했던 것들도 정리될 정도였으니까요. 쓰면서 저도 내가 이래서 저 사람을 원하는구나, 하는 생각이 들었어요. 그리고 아내에게는 '아, 저 사람이 정말 나를 잘 아는구나' 하는 느낌을 주었죠.

요시다   조금 이야기가 옆길로 새겠지만, 스톡 스필(stock spiel)이라는 게 있잖아요. 점쟁이가 사용하는 필살기 같은 말이죠. '나를 어떻게 이렇게 잘 알지?' 하는 생각이 들도록 만드는 말. 이것은 상대방을 관찰하거나 초능력을 사용해서 꿰뚫어 보고 하는 말이 아니라 대부분 통용되는 말이에요. 예를 들어서 "당신은 소심한 사람입니다"같은 말이요. 이런 건 화술의 세계에서는 사용하면 안 되는 것 중 하나지만 가끔 사용하게 됩니다.

사랑의 표현은
왜 필요할까?

요시다   어렵사리 결혼을 하셨는데, 결혼에 골인하는 것과 결혼생활은 다르지 않나요? 나와는 굉장히 다른 사람이라는 걸 느끼기도 하고요. 이시카와 씨는 어떨 때 아내분과 '다름'을 느끼시나요?

이시카와   많은 부분을 느끼죠. 아내와 저는 일단 '다른' 사람이니까요. 성격도 성별도 생각도 가치관도 일단 '다른' 사람입니다. 하나 예를 들어보자면 저는 선물을 주고받는 걸 좋아하지 않아요. 어릴 때부터 다른 사람에게 무언가를 받는다는 것이 싫었어요. 그런데 아내는 반대로 무언가를 받으면 기뻐하는 사람입니다. 그래서 출장에서 돌아올 때 무언가를 사오지 않으면 아내가 서운해 했습니다.

요시다   그런데 대부분의 사람이 선물 받는 걸 좋아하잖아요.

이시카와   네, 그렇죠. 저는 몰랐습니다. 그래서 "당신이 무엇을 원하는지 진짜 모르겠어. 미안해"라고 했더니 아내가

"내가 특별히 받고 싶은 게 있어서가 아니야. 그냥 선물을 사오는 행위 그 자체가 기쁜 거지"라고 하는 거예요. 그 말을 듣고 저는 '그렇다면 그건 무엇에 대한 기쁨인 거지?' 하고 혼자 생각해봤어요.

예를 들어 우리 집 아이는 존재 자체만으로 고맙게 여겨지고 사랑을 받아요. 배변만 잘해도 칭찬을 받잖아요. 저도 매일 화장실에 가는데 한 번도 칭찬을 받은 적은 없어요. 저는 어떤 행위를 해야만 상대를 기쁘게 할 수 있지만 아이들은 가만히 있기만 해도 사람들이 기뻐합니다. 그래서 저는 저와 아이의 본질적인 차이에서 힌트를 얻을 수 있을 거라 생각했어요. 그렇게 생각해봤더니 아이는 존재 자체가 사랑스럽다는 걸 알게 됐습니다. 그런데 저라는 존재는 특별히 사랑스럽지 않죠.

요시다   그냥 의미하는 바가 다른 게 아닐까요?

이시카와 저를 무조건 사랑하기 어려우니 호의의 확인이 필요한 거라 생각했어요. 그러니까 '내가 당신을 이렇게 생각하고 사랑해'라는 것을 물질이든 말이든 증명해야 '행복'하다는 것이죠.

이렇게 생각하면서 남자와 여자가 근본적으로 무엇이 다른지도 더듬어봤습니다.

남자는 어릴 때부터 피라미드형으로 인간관계를 만들어요. 제일 꼭대기에 대장이 있는 피라미드 사회. 강한 놈이 최고지만 가끔 하극상도 일어납니다. 피라미드형 인간관계는 복종으로 이루어지기 때문에 강한지 아닌지만이 중요합니다.

이에 비해 여성들은 평면적이고 친화적이에요. 만약 그중에 힘이 있는 사람이 있다 해도 그는 누구와도 사이좋게 지낼 수 있는 인물일 가능성이 높지요. 그러다 보니 여성들은 주변 사람과 잘 지내는 것을 중요하게 생각하고 자신의 마음을 잘 표현합니다. 여기서 선물도 힘을 발휘하지요. 지속적으로 관계를 형성하는 방법 중 하나니까요.

요시다　너무 많은 의미를 부여하는 건 아닐까요? 남자들도 선물 주고받는 것을 좋아하는 사람이 많습니다.

이시카와　네, 많아요. 그런데 선물을 주지 않아도 호의적인 관계를 유지할 수 있다면 굳이 선물을 주고받을까요? 선물은 내가 당신을 이렇게 생각하고 있다는 증거 중

하나입니다. 만약 아이들처럼 무조건적인 사랑을 받고 있다면 이 과정이 필요 없을 거예요. 갓난아기가 백화점에 가서 선물을 사서 부모에게 주지 않아도 사랑받는 걸 생각한다면요.

결국 저는 사람들에게는 신뢰가 형성되고 유지되기 어렵기 때문에 선물이 필요하다, 또 선물이 아니더라도 다른 방식의 '표현'이 필요하다, 그것이 내 존재를 인식시키고 관계를 유지시키는 방법 중 하나다, 라고 이해하게 되었습니다.

요시다　논리적 귀결로 받아들인 거네요.

이시카와　네, 흔히 유행가 가사에서 말하는 사랑의 표현이란 것을 납득하게 된 계기였죠.

·
·
·

선물을 주지 않아도 호의적인 관계를 유지할 수 있다면
굳이 선물을 주고받을까요?
선물은 내가 당신을 이렇게 생각하고 있다는
증거 중 하나입니다.
만약 아이들처럼 무조건적인 사랑을 받고 있다면
이 과정이 필요 없을 거예요.

원래 '없다'고 생각하면
모든 것이 고마워져

이시카와   저는 그동안 아내가 나를 '믿지' 않는다, 라고 계속 생각해왔어요. 믿음이란 게 좀 공감이 안 된다면 '기대'라고 해두죠. 그런데 최근에 이것이 반대가 아닐까 하고 생각하게 된 계기가 있었어요.

'신뢰를 쌓기는 어렵지만 무너지는 건 한순간이다'라고 흔히 말하잖아요. 이 말은 반은 맞고 반은 틀려요. '불신'에서 시작되는 인간관계의 경우 이 말이 맞다고 할 수 있습니다. 신뢰를 쌓으려면 시간이 걸리지만 무너지기는 쉽죠. 하지만 '믿는다'는 것부터 시작하면 어떤 행동이나 사건 때문에 쉽게 사그라지지 않아요. 이런 식으로 생각해 보니, 저는 아내를 '믿지 않는' 그러니까 '기대하지 않는'부터 시작했더라고요. 왜 그것부터 시작했는지 생각해 보니까 예전부터 저는 '그쪽이 쉬우니까'라고 여겼더군요.

요시다   믿지 않는 편이 쉽다? 믿는 게 더 쉽지 않나요? 그리고 아내분보다 이시카와 씨가 결혼에 더 적극적이어서 그렇게 해석한 건 아닐까요?

이시카와   믿는 게 더 힘들어요. 그리고 이건 결혼 과정에서 생겨난 게 아니라 제 성향 탓이 큽니다.

최근 만난 어떤 사람에게 "이시카와 씨는 슬프다는 감정을 느끼나요?"라는 질문을 받았어요. 그때 저는 제가 슬프다는 감정을 거의 느끼지 않는다는 사실을 깨달았죠. 슬프다는 감정은 '있다'고 생각했던 무언가가 사라졌을 때 느끼는 감정이에요. 저에게 왜 슬픔을 잘 느끼지 않냐고 하면 애초에 여러 가지가 '있다'고 생각하지 않기 때문입니다. 내일도 있다고 생각하지 않아요. 한마디로 기대하지 않습니다. 처음부터 '그런 건 없어'라고 생각하기 때문에 무언가가 생기면 기쁘거나 감사하는 마음이 생기죠. 예들 들면 저는 매일 집으로 돌아갈 때 아내와 아이가 저를 기다리고 있을 거라고 기대하지 않아요.

요시다   그래서 집에 가족이 있으면 반가운 거죠? 많은 사람이 기대를 안 하면 실망할 일도 없다고 하면서 기대하지 말라고 하죠. 하지만 감정을 가진 인간으로서

슬프다는 감정은 '있다'고 생각했던 무언가가 사라졌을 때
느끼는 감정이에요.
저에게 왜 슬픔을 잘 느끼지 않냐고 하면
애초에 여러 가지가 '있다'고 생각하지 않기 때문입니다.
한마디로 기대하지 않습니다.
그러다 보니 무언가가 생기면 기쁘거나 감사하게 됩니다.

기대를 아예 안 하기란 쉽지 않습니다.

이시카와 기대가 없으면 슬픔이 줄어들 뿐 아니라 기쁨도 많아집니다. 그래서 저는 아주 사소한 것부터 연습해보라하고 싶어요. 없어지고 나서 당황하면 이미 늦었다고 생각해요. 일단 '없다'고 생각하면 모든 게 감사하게 느껴집니다. 저는 아내에게 전화를 걸 때도 받을 거라고 생각하지 않아요. 그래서 전화를 받으면 '받았다!' 하고 기뻐하는 거죠.

요시다 제게 그런 예를 들어보라고 한다면, 청소가 되겠네요. 집에 들어왔을 때 정리되어 있지 않으면 화를 내는 사람이 있잖아요? 우리 집은 제가 엄청 지저분해서 그런 것도 있겠지만, 누가 정리해줄 거라 생각하지 않기 때문에 전혀 화가 나지 않기는 합니다. 좋은 상태가 되길 기대하기 때문에 분노를 느끼는 거예요.

이시카와 '있다'고 생각하고 '그러겠지'라고 기대하면 온갖 부정적인 감정이 분출됩니다. 저는 언제라도 아내가 저를 떠날 수 있다고 생각해요. 그래서 아내가 제 곁에 있는 순간순간을 감사하게 생각합니다.

요시다 그런데 그런 식으로 생각하면 아내분이 선물이 없는 것에 화를 내는 것도 기대했기 때문인가요?

이시카와   그렇죠. 선물을 사올 거라 기대했는데 아무것도 없다면 슬프겠죠. 아내는 제게 기대하고 있다고 느꼈어요. 그래서 다음부터는 선물을 잊지 말아야겠다고 생각했습니다.

요시다   갑자기 아이돌과 팬의 관계가 생각나네요. 기본적으로 팬은 자신에게 무언가를 해줄 것이라고 기대하지 않는 대상(아이돌)을 좋아하죠. 출발점이 그렇기 때문에 작은 거라도 굉장히 고마워하게 됩니다. '내가 사는 지역에서 콘서트를 해주다니, 너무 고마워!' 같은 거죠. 그러니까 아이돌의 팬은 기본적으로 사랑이라는 행위 속에서 기쁨을 골라 꺼낸다는 느낌이 들어요. 결혼도 '무언가를 받기 위해서' 또는 '무언가를 해주기 위해서'가 아니라 운 좋게 매일 함께 있어 주는 상대가 있다고 생각하는 편이 좋지 않을까요?

이시카와   무아(無我)는 아니지만 궁극적으로는 '원래 없었고, 앞으로도 얼마든지 없을 수 있다'고 생각하는 편이 여러 의미에서 행복한 게 아닐까 하는 생각이 들어요. 감사하는 마음만 남으니까요.

4

다양성 바라보기

:

행복에도
'유행'이 있을까?

세상은 다양하라 말하면서도
유행을 만들지

요시다 사람들이 하는 말 중 가장 맞는 말이라고 여기면서도
멀게 느껴지는 것이 하나 있습니다. 바로 '다양성은
좋은 것'이라는 겁니다. 앞에서 이시카와 씨도 다양성
이 좋다고 말씀하셨지요. 다양성이 왜 좋은지는 모르
겠지만 어쨌든 중요하다는 것은 저도 알고 있습니다.
그런데 '개성을 중요시해야 한다'고 말하고 있지만
실제로 개성을 중요하게 생각하고 있는가 하면 그 반
대라는 거죠. 지금도 다양한 선택지가 존재하는데도
불구하고 모두가 똑같은 걸 바라보고 있지 않나요?
모두 비슷한 영화를 보고 유명하다는 음식을 먹습니
다. 그리고 똑같은 노래를 따라 불러요. 이것은 각자
행복한 방법을 찾는 것과는 대체점에 있는 건가요?
아니면 다른 사람들이 지금 '하고' 있는 일을 나도 해
야 행복하다는 건가요?
제가 이시카와 씨에게 묻고 싶은 것은 '왜 이 세상에
는 유행이 있을까?' 하는 거예요. '다양성'과는 반대

의 움직임이 '유행'이라고 생각합니다. 엔터테인먼트 업계 사람들은 모두 유행을 만드는 방법을 알고 싶어해요. 콘텐츠는 한 명을 상대로 만들어도 수백만 명을 상대로 만들어도, 말하자면 비용은 같아요. 엔터테인먼트 업계를 깊이 들여다보면 '얼마나 유행을 잘 파악하고 만들어내는지'가 비즈니스의 핵심이죠. 이시카와 씨는 예방의학 전문이시죠?

이시카와　네.

요시다　예방의학도 유행을 만드는 것으로 이어지지 않나 하고 생각합니다. 이런 질병을 막으려면 이런 방법을 써야 한다고 유행시키는 거 말이에요.

이시카와　그렇다면 유행의 역사에 관한 이야기부터 해볼까요? 요시다 씨의 말처럼 다양성의 반대는 유행이니까요.

요시다　네, 좋아요.

이시카와　우선 무언가가 유행하는 메커니즘을 최초로 연구한 사람은 폴 라자스펠드(Paul Lazarsfeld)라는 미국의 연구자였어요. 라자스펠드는 커뮤니케이션 연구자로 전쟁의 프로파간다, 즉 국민을 계몽하는 메시지를 어떻게 널리 퍼트리는지에 대해 '2단계 모델'이라는 것을

사람들은 모두 비슷한 영화를 보고
유명하다는 음식을 먹습니다.
그리고 똑같은 노래를 따라 불러요.
이것은 각자 행복한 방법을 찾는 것과는
대체점에 있는 건가요?
아니면 다른 사람들이 지금 '하고' 있는 일을
나도 해야 행복하다는 건가요?

생각했어요.

요시다   2단계 모델?

이시카와   우선은 어떤 미디어에서 정보를 제공하잖아요. 시민이 그 정보를 알고 바로 '와!' 하고 흥분하는 것이 아니라 그 사이에 누군가 한 명이 더 있다고 생각한 거예요. 그리고 그 한 명을 '오피니언 리더'라고 불렀지요.

요시다   오피니언 리더가 그때 생긴 말이었어요?

이시카와   맞아요. 미디어에서 나온 정보를 먼저 오피니언 리더가 받아들이고, 이 오피니언 리더가 일반 사람들에게 전달하는 '2단계'로 정보가 널리 퍼진다는 가설을 세운 거죠. 1950년대 정도의 연구예요.

요시다   그렇게 옛날 일도 아니네요?

이시카와   네, 일단 미디어가 만들어진 것이 최근이니까요.

요시다   그렇군요. 그런데 당시에는 가설이었던 거죠?

이시카와   네, 그때부터 쭉 '정말 정보를 오피니언 리더가 널리 퍼트리는 것일까'에 대한 연구가 이루어졌어요. 그런데 결론은 아무래도 아닌 것 같다는 거였죠. 오피니언을 가진 리더는 존재하지만 반드시 그 사람이 정보를 발신하는 역할을 하는 건 아니었던 거예요.

요시다   오피니언 리더와는 별도로 정보를 퍼트리는 사람이 있는 건가요?

이시카와 그렇다기보다는 사실 오피니언 리더가 속한 커뮤니티는 굉장히 작습니다. 그 작은 커뮤니티 내부에서만 정보가 돌고 밖으로 전달되지 않는다는 사실을 안 거죠.

요시다   이해했습니다. 저는 매일 라디오 방송을 진행하는데, 우리 방송 내에서 굉장히 특이한 아티스트가 유행하거든요. 그런데 그 소식이 다른 방송이나 미디어로 전해지냐고 하면 그렇지 않아요. 정말 작은 커뮤니티 안에서 빙빙 돌고 있죠.

친구의 권유보다 강력한
SNS의 입소문

이시카와 이다음에 나온 유행에 관한 주장 중 재미있는 것이
        마크 그라노베터(Mark Granovetter)의 설입니다.

요시다   네, 그라노베터, 두 번째 사람 등장입니다.

이시카와 그라노베터는 사회학 연구자로 사람이 이직할 때 누
        구에게 정보를 듣는지에 대한 연구를 했어요.

요시다   아, 《약한 연결》* 의 이야기죠?

이시카와 맞아요. 새로운 정보는 오피니언 리더보다 오히려 약
        한 연결 고리를 가진 사람에게서 얻게 된다는 이야기
        죠. 검증을 해보니 정말 그랬어요.
        새로운 정보는 친구도 오피니언 리더도 아닌 그냥
        '아는 사람'에게서 들어왔어요. 페이스북도 최근에
        비슷한 연구를 하고 있습니다. 어떤 책을 다른 사람

---

* 일본의 철학가이자 작가인 '아즈마 히로키'의 책으로 온 · 오프 라인에서 만나는, 뜻밖의
  가능성을 열어주는 '약한 연결'에 대해 다루었다. 약한 연결은 가벼운 지인 등을 뜻하는
  것으로 친밀하지 않지만 정보는 주고받을 수 있는 관계 등을 말한다.

에게 권하고 싶을 때 친구에게 전달하면 널리 확산되
는지 검증을 했지요. 그 결과, 그렇지 않다는 사실을
알았습니다. 왜냐하면 친구라고 해도 다른 취미나 기
호를 강요하기 어렵기 때문이죠. 어떤 공통점이 있어
친구가 되었다 해도 다른 것까지 맞진 않았어요.

요시다 　맞는 말이에요.

이시카와 　친구 사이에는 애초에 비슷한 걸 좋아하거나 같은 경
험을 한 '강한 연결 고리'가 있잖아요. 그러니까 "이
거, 좋다!", "그래, 맞아!" 하면서 동의하지만 결국 그
안에서 빙글빙글 돌다가 끝나버립니다.

요시다 　그렇다면 무언가를 유행시키기 위해서는 '약한 연결
고리', 그러니까 안면만 있다거나 살짝 아는 지인 정
도의 관계성이 중요하다는 건가요?

이시카와 　네, 정보를 다른 커뮤니티까지 전파하기 위해서는
'약한 연결 고리'가 필요합니다. 여기까지가 예전의
연구예요. 최근에는 더 새로운 사실이 밝혀졌습니다.
하버드대학교의 유카 페카 오닐 교수가 유럽에서 휴
대전화의 네트워크를 분석했어요. 누가 누구와 몇 분
정도 통화를 하는지 조사해서 통화 시간의 길이로 강

한 연결 고리, 중간 정도의 연결 고리, 약한 연결 고리 세 가지로 분류했어요. 이 가운데 어디에 정보를 투하했을 때 가장 효율적으로 정보가 확산되는지 조사하기 위해서죠.

요시다 결과가 궁금하군요.

이시카와 당연히 강한 연결 고리가 있는 사람끼리 서로에게 미치는 영향력이 클 거라고 여겼지만 약한 연결 고리로 이어진 사람들 사이에서 정보가 전달된 양이 압도적으로 많았습니다.

요시다 지인의 지인이라든가, 그냥 조금 아는 사람이라든가……

이시카와 네, 그런데 그런 약한 연결 고리로 이어진 사람들이라면 정보가 전달되어도 받아들일 가능성은 낮습니다. 결국 알아낸 것은 '중간 정도의 연결 고리'가 가장 중요하다는 사실이었어요. 중간 정도의 연결 고리를 가진 사람에게 정보를 주면 재전달이 가장 잘 확산됩니다. 그리고 정보를 확산시키는 사람이 반드시 오피니언 리더라 불리는 사람은 아니었어요. 평범한 사람들이죠.

요시다   전문가가 아닌 정말 일반적인 사람들인가요?

이시카와   네, 맞아요. 마케팅의 세계에서는 마켓 메이븐(Market Maven)이라고 불리죠. 쉽게 예를 든다면 요즘 많이 보는 SNS 친구라던지, 유튜버가 되겠지요.

요시다   그러니까 중간 정도의 연결 고리를 가진 사람들이 전하는 말이 강력한 '마켓 메이븐'이라는 거군요!

이시카와   표로 그리면 이렇게 됩니다.

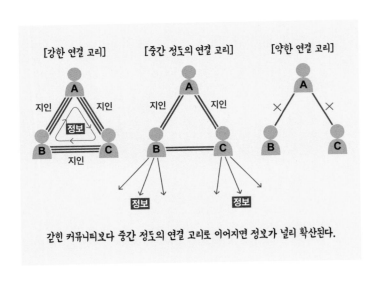

갇힌 커뮤니티보다 중간 정도의 연결 고리로 이어지면 정보가 널리 확산된다.

요시다   그렇군요. A-B-C의 갇힌 커뮤니티 내의 정보는 밖으로 전달되기 어렵군요. 왜냐하면 연결 고리가 강하

기 때문에……. 엄청 흥미로워요! 그런데 좋은 정보
를 알게 되면 다른 사람에게 말하고 싶지 않나요? 귀
찮게 생각할지 모른다고 걱정하면서도 자연스럽게
'전달'하게 되는 거죠.

이시카와   네, 그렇죠. 하지만 대부분 정보는 들어줄 만한 사람
에게 전하게 됩니다. 친한 사람도 있겠지만 같은 관
심사를 가진 사람들에게요. 아이돌 팬들은 아이돌에
게 관심 없는 사람에게 자기가 좋아하는 가수 콘서
트 일정에 대해 말하지 않아요. 말을 해도 잘 모를 거
라 생각하고 공감도 얻을 수 없으니까요. 대신 아직
콘서트 일정을 모를 것 같은 팬들에게 소식을 전하지
요. 그것과 비슷합니다.

'핫'한 것은
최소 세 개 커뮤니티의 동의가 필요해

이시카와   조금 다른 이야기지만, 저는 일반적으로 사람들은 세 개 정도의 커뮤니티에서 같은 이야기를 들으면 믿을 가능성이 커진다고 생각합니다. 아직 가설이긴 합니다만 사람은 최소 세 개의 정보원이 없다면 의사결정을 유보할지도 몰라요.

요시다   예를 들어 "이 노래 좋아!"라는 말을 전혀 다른 세 명에게서 들으면 그 노래가 좋다고 생각할지도 모른다는 거네요. 직장 동료와 가족과 이웃!

이시카와   맞아요.

요시다   최근 음반 업계 사람들이 주장하는 게 '애니메이션 주제가는 뜬다'는 것입니다. 지금의 이야기와 연관시켜 생각해보면 납득이 됩니다.

애니메이션은 작품의 팬이 있고 주제가를 부르는 아티스트의 팬이 있죠. 이미 두 개의 커뮤니티가 확보된 셈입니다. 그렇다면 사람들이 좋아할 만한 메시지만 획득한다면 세 개의 다른 커뮤니티에서 반응을 끌어낼 수 있습니다.

이시카와 그렇네요. 그런데 단순히 무언가를 합친다고 해서 유행하는 건 아닙니다. 오히려 잘되지 않는 경우도 많다고 생각해요. 잘 이어지는 어떤 접점 같은 것을 찾지 못한다면 말이에요. 그래서 어떤 기획을 생각할 때는 '이건 서로 다른 세 개의 커뮤니티에서 재미있다고 느낄까?'라는 시점을 가지면 좋을 것 같습니다. 또 이 모든 건 확률을 높이는 이야기이기 때문에 유행을 만들어내고 싶다면 조금 더 정밀도가 높은 규칙이 필요할 거예요.

요시다 아마 히트 제조기라 불리는 사람들은 이미 감각적으로 알고 있지 않을까요?

이시카와 글쎄요. 그들에게서 생각을 들어보지 않는 이상 확신할 순 없겠죠. 어쨌든 저의 연구로는 아까 이야기한 '세 개 이상의 커뮤니티에서 반응을 얻을 수 있을까' 가 시작 지점이 아닐까 합니다. 이 셋은 전혀 다른 게 아니라 어떤 접점이 있는 각각의 커뮤니티가 좋아요. 즉 '중간 정도의 연결 고리'로 이어지면 가장 전파가 잘된다는 거죠.

요시다　사람은 한 번 추천을 받는다고 해서 쉽게 마음이 움직이지 않아요. 하지만 여러 커뮤니티에서 같은 것을 추천한다면 마음이 움직이겠죠. 그런데 한 가지 확실한 것은 이제 미디어가 다룬다고 해서 유행하는 시대는 아니라는 점입니다.

이시카와　정말 그래요. 최근 설문조사에서 '정보는 어디서 얻습니까?'라는 질문의 대답 중 1위는 미디어가 아니라 '친구 추천'이었어요. 그 친구는 아마도 트위터 친구일지도 모릅니다.

익숙함에 새로움을 더하는 것이
창의력 아닐까

요시다   세 개의 커뮤니티라 하니 아이돌 그룹이 생각납니다.
          '모모이로 클로버 Z'라는 아이돌 혹시 아시나요?

이시카와   들어본 적 있어요.

요시다   이 아이돌 그룹 인기가 정말 대단했어요. 호불호가
          갈리긴 했지만 오타쿠들의 엄청난 지지를 받았죠. 애
          니메이션 복장을 한다든가, 전통 무예 같은 춤을 추
          면서 화제를 모았습니다. 노래에 메시지나 특색이 있
          는 건 아니었지만 전하는 방법이 판타지 같았지요.
          프로레슬링과 개그, 그리고 애니메이션의 팬들을 끌
          어모았습니다. 중간 정도의 연결 고리로 이어진 커뮤
          니티를 만드는 데 성공한 것이죠.

이시카와   중요한 것은 전달 방식이죠. 이제 메시지 자체는 큰
          의미가 없을지도 모릅니다.

요시다   그런데 잘 생각해보면 이것이 판타지다, 아니다는 그
          사람의 취향이나 속해 있는 커뮤니티에 따라 전혀 다

를 것 같아요.

이시카와 지금은 그럴지도 몰라요. 예전의 일본이라면 주군에
게 작은 거라도 무언가를 받으면 그건 엄청난 판타지
였어요. 대대손손 물려줘야 할 무엇이었겠죠. 하지만
그걸 지금 사람들이 본다면 전혀 판타지라고 느끼지
못할 거예요. 지금처럼 상품과 서비스가 풍부하고 세
분화된 시대에는 개개인이 어떤 가치를 중요하게 생
각하는지 알기 어렵습니다.

요시다 아마 현대의 판타지는 '재미'가 아닐까요? 어느 분야
의 커뮤니티가 아니라 대중적으로 통용되는 판타지
말이에요. 그동안 생각하지 못했던 것을 내놓으면서
재미를 준다면 대체로 통할 판타지라고 생각해요. 그
런 의미에서 딸기 찹쌀떡은 위대한 발명품 중 하나라
고 생각해요.

이시카와 딸기 찹쌀떡?

요시다 네, 찹쌀떡 속에 생딸기를 넣은 거요. 딸기와 찹쌀떡
모두 예전부터 있었지만 아무도 같이 먹으려고는 생
각하지 않았잖아요? 그런데 이 두 가지를 조합한 순
간 딸기도 찹쌀떡도 아닌 맛이 나는 거예요. '이건 도

판타지란 '새로움'과 수용의 '용이성'의 균형이 아닐까 생각해요.
너무 새로우면 받아들이기 힘들고
너무 쉽게 받아들여지면 새로움이 없죠.
그 절묘한 균형이 판타지가 아닐까 생각합니다.

대체 뭐지?' 하고 생각하게 된 거죠.

이시카와 　사실 학술적으로 정의하자면 판타지란 '새로움'과 수용의 '용이성'의 균형이 아닐까 생각해요. 너무 새로우면 받아들이기 힘들고 너무 쉽게 받아들여지면 반대로 새로움이 없죠. 그 절묘한 균형이 판타지가 아닐까 생각합니다.

요시다 　어? 정의가 따로 있나요? 그럼 수치화도 가능한가요? 진짜 궁금해요.

이시카와 　'새로움(놀라움)'은 베이지안 서프라이즈라는 방식으로 정량화가 가능합니다. 어려운 이야기를 하자면 수리 모델인 건데, 요약하자면 '그 사람에게 얼마나 새로운지'를 평가하는 수식입니다.

요시다 　한편에서는 수용의 용이성도 필요한 거죠?

이시카와 　네, 수용의 용이성은 또 장르가 다른데, 예를 들어 요리라면 사람들이 '어떤 것을 맛있다고 생각하는지', 음악이라면 '어떤 것을 듣고 편안하다고 느끼는지'에 기본 규칙이 있어요.

요시다 　네.

이시카와 　그 규칙에 따라 받아들여지는 정도를 정하면 됩니다.

딸기와 찹쌀떡은 둘 다 익숙한 음식이에요. 하지만 이 둘을 조합하면 완전히 새로운 것이 되죠. 유행에는 이런 부분이 있어요.

요시다   확실히 문맥에서 지나치게 벗어난 것이 유행한다고는 보기 어려워요. 지금까지 무의식적으로 부족하다고 생각했던 부분을 채워준다면 히트 상품이 탄생할 것 같다는 생각이 들어요. 불연속적인 유행은 없으니까요.

그런데 '재미'에는 보편성도 포함되지 않나요? 저는 대학 시절 라쿠고(무대에 마련된 방석에 앉아서 우스운 이야기를 들려주는 일본의 전통 예술) 연구회 활동을 했는데, 라쿠고를 하려고 노인요양시설에 가기도 했어요. 한번은 깊은 산속에 있는 노인요양시설에 갔는데 정말 제가 살아온 세계와는 확연히 달랐습니다. 그곳에는 전철을 타본 적 없는 사람도 있었으니까요. 그런 분들에게는 전철을 주제로 라쿠고를 해도 전혀 반응이 없어요. 하지만 똥에 대한 라쿠고를 하면 모두가 깔깔대면서 웃어요. 이렇게 인류 보편적인 재미라는 것이 있는 것 같아요.

이시카와   어떤 캐나다인이 몇 개 국어를 할 수 있어서 해외에서도 라쿠고 공연을 하는데, 항상 100% 성공을 자랑하는 소재가 바로 '쥬게무(限無, 아이의 장수를 빌며 절의 주지가 써준 이름을 전부 다 이어서 짓는 고전 라쿠고)'라고 해요. 이 이야기는 어떤 나라에서 해도 인기가 좋다고요.

요시다   진짜요? 긴 이름 이야기가요?

이시카와   네. 프랑스, 영국에서도요. '쥬게무, 쥬게무~' 하면서 긴 이름을 부르고 '빨리 학교 가야지!' 하고 말하면 엄청나게 웃음이 터진다고 해요. 라쿠고는 가족 이야기 같은 보편적이고 익숙한 소재를 사용하는 경우가 많으니까 콘텐츠로도 전 세계에서 통용되는 거겠죠.

요시다   그러고 보니 할리우드에서 쓸 만한 플롯을 찾으려고 라쿠고를 본다고 하는 이야기를 들을 적이 있어요. 누구나 좋아할만한 플롯에 살짝의 새로움을 더하겠죠.

나이를 먹을수록
새로움이 두려워져

이시카와 유행에는 '공감능력'도 한몫을 합니다. 사람들은 각자 생각을 말하는 것보다 공감하는 데 익숙해져 있어요. 또 그것이 미덕이라고 생각하기도 합니다.

가끔 "이시카와 씨 책, 정말 좋았어요", "강연, 진짜 좋았어요" 하고 말해주시는 분들이 계세요. 그런데 "어떤 부분이 좋았어요?"라고 물었을 때 "저랑 똑같은 생각이었어요"라는 대답이 돌아오는 경우가 있어요. 그런데 공통점을 찾는 데서 기쁨을 얻는다면 '배움'을 발견하기가 어렵습니다.

요시다 '같은 것'을 찾아내는 데 익숙하니까요.

이시카와 '같은 것을 보고 싶어 하는 욕망'은 인간의 발달 단계로 보면 아기에서 유아 시기입니다. 세계가 예측 가능하고 생각한 대로 되는 것이 즐겁다고 여겨요. 그래서 똑같은 말을 몇 번이고 반복하고 똑같은 행동을 계속하지요. 그런데 초등학교 2~3학년 정도가 되면 자신이 생각하는 것과 다른 것이 재미있어집니다. 예측 가능한 세상은 시시하다고 느끼게 되지요.

요시다 그러다 예측한 것과는 정반대의 결과가 나오면 "왜?" 하고 집중하게 되지요. 다음 단계는 뭐죠?

이시카와 30세가 지나면 세상이 예측 가능하다면 좋겠다고 생각합니다.

요시다 방어적이 되는 거네요. 안전을 추구하는 심리 때문일까요? 그렇다면 무언가 새로운 것을 접하고 푹 빠질 수 있는 나이는 10대 정도겠네요? 최근에 어디선가 '음악을 좋아하게 되는 시기는 10대뿐이다'라는 기사를 봤는데, 얼마 전 폴 매카트니의 일본 공연에서 객석을 봤더니 그 기사가 크게 와 닿았어요. 그 공연에 온 주 관객층이 60~70대였거든요. 10대 때 비틀스의 음악을 들은 세대죠.

'핫'한 것이 '옳은' 것은
아니야

이시카와   그런데 유행했다/유행하지 않았다를 생각할 때는 '결과 편향(bias)'에 주의해야 합니다.

요시다   결과 편향은 뭐죠?

이시카와   결과만으로 모든 것을 판단해버리는 거예요. 유행했으니까 그 프로세스는 옳았다고 생각하고 유행하지 않았으니까 그 프로세스는 틀렸다고 생각하는 겁니다. 사람들은 쉽게 이렇게 생각해버리는 경향이 있어요. 이렇게 결과를 기준으로 프로세스의 정당성을 판단하는 편향이 결과 편향입니다. 유행하지 않은 것 중에서도 분명 옳고 좋은 경우가 있을 것입니다. 이 외에 '자신이 보고 싶은 것보다 사람들이 보는 것을 보고 싶어 하는' 편향도 유명하죠.

요시다   그건 또 뭐죠?

이시카와   간단하게 말하면 사람들은 순위를 좋아한다는 겁니다. 이것은 인간 행동 연구에서 가장 큰 발견이라고 간단하게 말하면 사람들은 순위를 좋아한다는 겁니다.
이것은 인간 행동 연구에서
가장 큰 발견이라고도 할 수 있는데,
인간은 모두가 보는 것,
모두가 하는 것을 원한다는 거죠.

도 할 수 있는데, 인간은 모두가 보는 것, 모두가 하는 것을 원한다는 거죠.

요시다 그렇군요! 그게 사람들이 유행을 만들어내고 따라하는 원인이었네요. 사실 '베스트 10'이라고 하는 순간 마음에 들지 안 들지는 모르겠지만, 분명히 눈길은 가곤 합니다. 그리고 어디에 가서 재미있었다 거기가 핫한 곳이다 하면 가보고 싶기도 하고요. 하지만 그런 것들이 꼭 좋았던 건 아니었어요.

지금 어떤 업계가 재밌는지 판단하는 방법에 대해 들은 적이 있어요. '명문대 출신이 근무한다고 했을 때 실망하는 업계가 재미있는 곳'이라는 거죠. 예전에는 명문대 출신이 출판사나 신문사에서 일하면 좋은 곳에 취직했다고 했죠. 방송국에서 일한다고 하면 실망하던 때도 있었습니다. 그런 시대의 TV는 재밌었죠. 그런데 그 후에 방송국이 최고라고 꼽혔고 그때의 방송 업계는 더 이상 재미있는 곳이 아니었죠. 얼마 전까지는 인터넷 기업에서 일한다고 하면 '방송국 같은 곳에서 일하면 좋을 텐데'라는 말을 들었겠지만, 지금은 좋은 곳에서 일한다는 말을 들을 거예요.

유행에 신경 쓰지 않는다면 이른바 '핫'한 것은 나오기는 어렵겠지만 좋은 시대라고 생각합니다. 그쪽이 더 인생의 기회가 많을 것 같아요. 모든 사람이 올라탄 레일에서 벗어나도 끝은 아니죠. 오히려 그것이 기회라고 할까, 지금 있는 사회의 피라미드와는 다른 피라미드를 만들 수 있을지도 모릅니다.

이시카와 새로운 피라미드가 만들어졌을 때 가장 곤란한 사람은 기존의 규칙에 따르던 사람들입니다. 지금 사회에서 승자라 불리는 사람들, 항상 순위의 상위권에 있는 사람들일수록 다양성이 생기면 곤란해져요. 그래서 그런 사람들이 반대 의견을 내기 시작하면 좋은 것이 나타났다고 생각하면 됩니다.

'쿨하다'는 것은 다양성입니다. 옛날에는 '정도(正道)'라는 것이 있고, 이에 반항하는 사람이 나오는 흐름이었어요. 19세기 중반쯤까지는 '레일에서 완전히 벗어나자'는 반항만 있었지만, 지금은 세상에 다양성이 존재하기 때문에 다양한 '쿨함'이 존재합니다. 이것은 인류에게 진화라고 할 수 있어요.

요시다 다양성은 격차와는 완전히 반대입니다. 세계의 소득

격차가 문제가 되는 것은 모두 '돈만이 자원'이라고 생각하기 때문이 아닐까요? 돈이라는 자원이 없으면 모두가 자원이라고 생각하지 않는 것을 자원이라고 여기지 않을까요? 다양성은 자원의 변주라고 생각해요. 그러니까 개인이 자신에게 가치 있는 것을 찾는 욕망의 변주가 가능하다면 사회에 조금밖에 없는 자원을 놓고 서로 싸우지 않아도 됩니다.

이시카와 　희소한 자원을 놓고 모두가 경쟁하는 것에서 벗어나는 거죠. 흔히 인생의 기본은 '경쟁'이라고 생각합니다. 경쟁에서 벗어나려고 생각하면 반항이 되고요. 하지만 반항도 경쟁에서 완전히 자유롭지는 못합니다. 그래서 경쟁, 반항 그다음에 오는 것이, 집요하게 계속 말하고 있지만, 다양성입니다. 일부 승자와 수많은 패자가 아니라 모두가 각각 행복해지는 방법을 찾아야 한다고 생각해요.

요시다 　그것이 다양성 본래의 가치인 거죠! '모두가 달라서 모두가 좋은'이라고 쉽게 말하기는 싫지만, 그래도 꼭 말하고 싶습니다.

지금 사회에서 승자라 불리는 사람들,
상위권에 있는 사람들일수록
다양성이 생기면 곤란해져요.
그래서 그런 사람들이 반대 의견을 내기 시작하면
좋은 것이 나타났다고 생각하면 됩니다.

5

인생 바라보기

행복이란
순간순간의 행복점을
연결하는 것

불안한 시대의 뒷면을 볼
'시각'이 필요해

요시다   지금까지 행복하기 살기 위해 개인이 무엇을 할 수
         있는지 이야기를 나눴습니다. 그런데 우리는 사회 안
         에 속한 개인이기 때문에 사회의 움직임과도 연관이
         분명 있습니다.
         거품경제가 붕괴된 후 일본 경제는 계속 악화되었어
         요. 이제 불황은 기본값이고 대기업도 하나둘 도산하
         는, 앞날이 불투명한 사회가 최근 20년 정도 이어져
         왔습니다. 이건 세계 불황과도 맥을 같이하지요. 이렇
         게 기본적인 생존이 어려운 시대에 긍정적인 미래가
         올 거라 판단할 근거가 있을까요?

이시카와   국가의 경제 상황을 측정하는 지표라고 하면 GDP
         가 제일 유명한데, 일본은 과거 20년 동안 GDP의 변
         화가 없어요. '경제적 복잡성 지수(Economic Complexity
         Index)'로 보면 세계 최고지만요.

요시다   또 의외의 이야기부터 시작되네요. 경제적 복잡성 지

수[*]가 뭔가요?

이시카와 '얼마나 다양한 물건이 만들어지는가'라는 지표로 쉽
게 말하면 '여러 가지를 만들고 있는지'를 측정하는
겁니다. 이 경제적 복잡성 지수를 보면 일본은 세계
에서 가장 복잡합니다. 압도적으로.

요시다 양은 변하지 않았는데 질은 꽤 변했군요.

이시카와 이 지수는 해당 국가의 중장기적 경제 상황을 가장
잘 반영한다고 합니다. 다음에 뛰어오를 때를 대비해
비축하고 있는 것으로 보기도 해요. GDP는 말하자
면 순간 최대 풍속 같은 것으로 어디까지나 한 해의
지표니까요. 에도 시대에도 같은 흐름이 있었어요. 에
도 시대에는 어느 시점부터 인구가 거의 변하지 않았
습니다.

요시다 그건 언제쯤인가요?

이시카와 1700년 정도부터 에도 시대가 끝날 때까지 약 150년
간 인구가 거의 변하지 않았죠. 하지만 그 시기에 학

---

* 2015년 기준으로 한국은 4위, 일본은 1위를 기록했다. 경제적 복잡성 지수는 국가가 생
산·수출한 제품이 얼마나 다양한지를 조사한 것으로 제조업과 서비스업, 고부가가치
를 생산하는 나라일수록 지수가 높고 자원과 농업에 집중하는 지수는 낮다.

교의 보급 등으로 국민 전체의 삶의 질이 향상되었어요. 또 당시 페리 제독의 흑선 출현(미국이 개방을 요구하며 보낸 무력 함대)이라는 충격적인 일이 발생했고 다시 한번 크게 도약하게 됩니다. 이런 식으로도 해석할 수 있어요.

조금 옆길로 샜지만, 요약하자면 어떤 사안은 보는 방식에 따라 얼마든지 다양하게 해석할 수 있다는 것입니다. GDP라는 지표를 보고 일본은 안 된다, 위기를 넘어 고착이다, 라고 말하는 사람도 있지만, 다른 지표로 보면 지금의 일본은 최고로 좋은 상태라고 말할 수도 있는 거예요. 이렇게 말할 수 있는지 없는지는 지식의 문제입니다. 지식의 힘이란 그런 거라고 생각해요.

요시다 지식을 갖게 되면 다른 가치관의 축을 늘려갈 수 있겠지요. 지식이나 지혜가 있으면 아무리 힘든 상황이라도 다른 축에서 현안을 바라보고 긍정적인 측면을 발견할 수 있을 거예요.

뒤집어서 생각해보면 '절망'은 무지의 결과일까요? '모르는 편이 더 나았다'라는 생각이 드는 현실도 분명 존재하지만, 모르고 그냥 지나가 버리는 건 무서운 일이라고 생각합니다. 무언가를 알고 있으면 겪고 있는 불안을 가볍게 만들고 앞으로 나아갈 수 있으니까요. 또 남의 시선을 신경 쓰지 않고 자신의 인생에서 의미도 찾을 수 있습니다. 그런 의미에서 흔들림 없는 행복을 위해 지식은, 더할 나위 없이 좋은 힘이 될 거라 생각해요.

이시카와 맞습니다. 그리고 지식은 언제든 버리고 채울 마음가짐으로 만나야 한다고 여겨져요. '전문성을 가지고 도전하면 한계에 부딪힌다. 하지만 무지한 상태로 도전하면 한계가 없다'라는 말이 항상 저를 지탱해줍니다. 먼저 지식을 축적한 다음 그 지식을 버리고 다시 무지한 상태에서 도전할 수 있다면 그것이 최상이라고 생각합니다.

'절망'은 무지의 결과일까요?

'모르는 편이 더 나았다'라는 생각이 드는 현실도

분명 존재하지만,

모르고 지나가 버리는 건 무서운 일이라고 생각합니다.

무언가를 알고 있으면

겪고 있는 불안을 가볍게 만들고 앞으로 나아갈 수 있으니까요.

다른 듯 보여도 같은
너와 나의 상식

요시다 지식이 여러 사람에게 널리 퍼져 통용되면 이른바 상식이란 게 됩니다. 그렇다면 상식은 무엇을 위해 존재할까요? 분명 이 세계가 성립되기 위해서인 것 같아요. 모두가 그렇게 생각해주지 않으면 효율적인 사회 운영이 되지 않으니까요. 개인의 행복을 위해서가 아니에요.

그런데 상식은 모집단에 따라 완전히 달라지잖아요? '우리 집의 상식'이 '다른 집의 비상식'이 되기도 하니까요. 조금 더 큰 예를 들면, 일본인의 상식과 중국인의 상식은 분명히 다릅니다. 입술 안에 접시를 끼워 넣는 아프리카 부족의 상식도 일본인의 상식과 다르지요. 상식의 가짓수가 엄청나게 많은데 내가 태어나 살고 있는 곳의 상식이 '절대적'이라는 느낌이 드는 건 왜일까요?

이시카와 그건 '진실'이란 무엇인지에 관한 이야기라고 생각합니다. 제가 유학했던 학교의 모토는 '베리타스'였어요. 라틴어로 '진실'이라는 의미입니다. 진실이란 무엇인가를 배우죠.

요시다 학교의 결론은 무엇이었나요?

이시카와 최종적으로 '진실은 하나라고 생각하기 쉽지만 아무리 얇은 종이라도 앞과 뒤가 있는 것처럼 전혀 다른 시각이 존재한다. 상식이라고 생각했던 것은 그 시각 중 하나에 불과할지도 모른다. 진실은 어떤 각도로 보느냐에 따라 전혀 다른 해석이 가능하다'라는 사실을 배웠지요. 그러니까 일본인의 상식과 중국인의 상식이 다르게 보여도 그저 다른 각도에서 보는 것뿐일 가능성도 있습니다.

요시다 그렇군요. 그렇다면 상식에도 어떠한 큰 틀이 있다는 걸까요? 지금 막 생각났는데 저는 전 세계 레스토랑이 비슷하다는 게 신기했어요. 세계 어디를 가도 주문을 하고 요리가 나오고 계산서를 가지고 돈을 내는 시스템이잖아요? 물론 다른 시스템을 쓰는 곳도 종종 있지만 대체로 비슷한 것 같아요. 단지 다른 음식을 팔 뿐이죠. 상식도 그런 걸까요?

이시카와　특정 업계로 좁혀서 보면 그 업계의 상식은 어디나 비슷한 것 같아요. 가치관이나 상식은 인종보다 직업에 따른 차이가 더 크다는 사실을 미국에서 느꼈습니다. 미국인과 일본인으로 살아가도, 사람을 고치는 의사의 가치관은 비슷하거든요. 큰 시야로 보면 분명 전 세계 어디를 가도 비슷하지 않을까요? 이것은 인간이 원하는 욕망이 비슷하고 가지고 있는 본질이 비슷하다는 것과도 맥을 같이 합니다. 앞에서 '처음 보는 이에게 먹이를 나눠주는 존재'가 인간이란 이야기를 나눴는데, 그런 시야에서 보면 어딜 가나 상식은 연결되어 있습니다.

과학은 직감을 뒤집기 위한 방법론이야

요시다   인생을 과학으로 이야기하다 보니 흥미롭습니다. 여러 학문 가운데 과학만의 위치라는 게 있을까요?

이시카와   사람은 자신이 직접 느낀 것을 진실이라고 생각하기 쉬워요. 어떤 음식을 먹었더니 암이 나았다든가. 그런 일이 있으면 그것을 '진실'이라고 인식하기 쉽죠. 과학은 이 직감을 뒤집기 위한 방법론입니다. 자신이 생각하거나 느낀 것을 극복하기 위한 수법이라 할 수 있죠.

요시다   직감을 뒤집는 것이 좋은 건가요?

이시카와   좋은 건지 아닌지는 차치하고 더 진실에 가깝다고는 생각해요. 제가 좋아하는 만화책이 있는데 거기서 이런 문구가 나와요. '결과만 생각하는 사람은 지름길로 가고 싶어 하는 법이지', '지름길로 가면 진실을 놓쳐버릴지도 몰라', '중요한 건 진실에 다가가고자 하는 의지라고 생각해. 맞서려는 의지만 있다면 언젠가 결과만 생각하는 사람은 지름길로 가고 싶어 하는 법이지.

지름길로 가면 진실을 놓쳐버릴지도 몰라.

중요한 건 진실에 다가가고자 하는 의지라고 생각해.

맞서려는 의지만 있다면 언젠가는 도착하게 되겠지?

는 도착하게 되겠지?' 저는 이것이 바로 과학이라고 생각해요. 진실과 마주하는 자세, 진실과 마주하기 위한 방법론이라고요.

요시다   그렇다면 진실과 마주하는 방법론은 과학이 유일한가요?

이시카와 종교도 있습니다. 다른 점이라면 **과학은 어떻게(HOW)와 무엇(WHAT)을 묻지만, 종교는 왜(WHY)와 누구(WHO)를 묻는다는 거죠.**

요시다   조금 더 구체적으로 설명해주세요.

이시카와 예를 들어 '왜 우주가 탄생했을까?' 하는 것은 종교의 질문입니다. 답을 찾아가다 보면 '신'이라는 답이 나오죠. 그러니까 '누구'인 겁니다. 그것이 바로 종교예요. 하지만 '어떻게 종교가 탄생했을까?'란 질문이 과학의 질문입니다. 연구자는 가능하면 '왜'와 '누구'는 생각하지 않으려고 해요. 대신 '어떻게'와 '무엇'을 생각합니다. 참고로 '왜'는 시야를 굉장히 좁게 만드는 질문입니다.

요시다   아, 맞아요. 제가 진행하는 프로그램에 뮤지션이 자주 게스트로 오는데, 왜 이런 곡을 만들었는지(WHY)를 물으면 구체적인 이야기를 들을 가능성이 낮아서 잘 하지 않아요. 이 곡을 어떻게 만들었는지(HOW), 어떤 악기를 사용했는지(WHAT), 같은 질문을 하면 순조롭게 진행되어서 즐겁게 이야기를 나눌 수 있죠.

이시카와　참 재미있는 이야기네요. 그런데 사람은 '왜'가 궁금한 동물이에요. 무산소 단독 에베레스트산 등정이란 엄청난 도전을 하려는 구리키 노부카즈(일본의 산악인. 2018년 5월 에베레스트산 등정 중 사망)라는 친구가 있어요. 사람들은 당연히 '왜 그런 일을?'하고 묻고 싶겠죠. 아마 그 친구도 이유를 답할 수 있을 겁니다. 그런데 정말 그가 말하고 싶은 건 '어떻게'예요. '어떤 루트로 에베레스트산 등정에 도전할 건가요?' 하는 질문을 받는다면 신나게 대답할 겁니다. 사람들은 이유를 물어서 그 사람을 이해하려고 하지만, 무언가를 하는 사람은 특별한 이유가 없을 때도 많습니다. 그래서 '어떻게' 하는지를 묻는 편이 그 사람을 이해하는 데 훨씬 도움이 될 거예요.

진정한 이해에는
5단계가 필요해

요시다   여러 가지를 생각해 봤는데요. 갑자기 원초적 의문이
        듭니다. 애초에 우리는 왜 '생각'이란 걸 하는 거죠?

이시카와 저는 '생각하는' 것은 수단이고 목적은 '이해하는' 것
        이라고 생각합니다. 이해란 무엇인가 생각해보면 5단
        계가 있어요. 분류, 예측, 검증, 인과, 창조의 5단계죠.

요시다   이해란 순간 같은데 과정이 꽤 복잡하네요.

이시카와 먼저 '분류'가 있죠. 사람은 보통 분류를 하면 조금 알
        겠다는 느낌이 들어요.

요시다   '남자는 대체로 이렇다', '여자는 대체로 저렇다'라는
        것 말인가요?

이시카와 네, 바로 그거예요. 한 단계 더 나아가면 예측.

요시다   '저 사람은 운동선수니까 저 상황에서 저렇게 할 거
        야' 같은 건가요?

이시카와 맞아요. 그런데 분류, 예측 모두 탁상공론이니까 다음
        에는 '검증'이 필요해요. '정말 그런가?', '운동선수는

202

정말 대범한가?'를 검증하는 거죠. 이렇게 분류, 예측, 검증까지 하면 사람들은 이해했다는 기분이 들어요. 세상 사람들이 말하는 '이해'는 이 정도일 거예요. 분류하거나 예측하거나 검증하거나 하는 것이죠.

요시다   그러면 과학자는 그다음 단계로 가는 거네요?

이시카와   맞아요. 그다음에 있는 '인과', 바로 메커니즘을 알고 싶은 거죠. 그리고 '이해'의 최종형태가 있다면 바로 '창조'라고 저는 생각합니다.

'사람은 언제 생명을 이해했다고 말할 수 있는가'란 질문을 받는다면 통상적으로 '생명을 만들었을 때'라고들 답을 하지요. 과학자는 생명을 세세하게 분류해서 그 메커니즘(인과)을 알려고 합니다. 하지만 DNA의 메커니즘을 알아도 DNA 그 자체를 만들 수 없다면 진정한 이해가 아니라는 것이죠. 창조한 후에 비로소 이해했다고 말할 수 있는 건 아닐까요? 쉽게 말하면 말로만, 머리로만 생각하는 것이 아니라 직접 해보고 만들어보고 나서야 비로소 이해했다고 할 수 있다고 생각합니다.

'새로움'에는
'이해'가 따라와야 한다

요시다   앞서 '상식'과 '틀'에 대한 이야기를 나누었잖아요. 그
리고 지금 '이해'에 대해서도 생각해 보았고요. 이 둘
을 함께 생각한다면 어떤 연결고리가 있을까요?

이시카와   일본 국가대표팀 축구 감독이 스페인의 유명 축구 감
독과 이야기를 나누다가 "일본에는 축구의 틀이 없나
요?"라는 말을 들었다고 합니다. 스페인의 축구는 확
고한 틀을 가지고 있다고 해요. 아마도 스페인 축구
의 상식과 같은 거겠죠? 그 말을 듣고 일본 대표 감독
도 '세계 무대에서 이기기 위한 틀'을 만들려고 생각
했다고 해요. 이런 틀이라든지 상식과 같은 것은 매
우 중요합니다. 사람들이 그것을 바탕으로 어느 정
도 예측하고 이해하니까요. 또 예측에서 벗어났을 때
'틀에서 벗어난 재미'가 생깁니다. 하지만 너무 벗어
나면 그냥 단순한 놀라움에서 끝나지요.

요시다   공감합니다.

이시카와	예를 들어 길을 걷다가 어딘가에서 '와' 하는 소리가 들려오면 그냥 놀랄 뿐이죠. 그런데 적당한 놀라움과 이해가 따라오면 '재미'가 생기지요. 그래서 '해프닝'은 재미가 있습니다. 여담이지만 잠시 해프닝 이야기를 해볼까요? 지금 대담을 진행하고 있는 이 동네가 사실 저는 조금 무서워요. 모두 멋진 패션감각을 갖고 있으니까요. 상의, 하의, 속옷까지 전부 유니클로만 입는 저에게는 무서운 거리죠. 오늘 여기로 걸어오는 도중에 무작위 거리 인터뷰를 했어요. 아마 '안 멋진 사람을 멋지게 보이게 하는' 기획 같은 걸 하는 거 같았어요. 지각할 것 같다고 말했는데 "어떤 옷을 입었어요?" 하고 놔주지 않는 거예요. 머리부터 발끝까지 유니클로라고 말하면 조금 부끄러울 것 같아서 멋지게 대충 넘어갈 수 없을까 생각하다가 "다다시 야나이요" 하고 말하고 도망쳤어요.
요시다	야나이 다다시, 유니클로 사장?
이시카와	말하고 나니까 뭔가 그럴듯해 보이더라고요. "다다시 야나이는 최근 일본에서 잘나가는 브랜드로 세계적으로도 유명해요" 하고 말하고 왔습니다. 아마 지금

쯤은 알아차렸겠죠.

요시다　취재진에게 재미를 주신 건가요?

이시카와　그건 알 수 없지만, 어쨌든 저에게는 재미있는 사건
으로 남았습니다. 아까 이야기로 돌아가서 상식에서
벗어나는 일을 하면 확실히 재밌어요. 하지만 너무
벗어나면 안 됩니다.

요시다　그것을 딱 적당한 범위 안에서 하는 것이 연예인들이
죠. 특히 개그맨이요.

이시카와　맞아요. 어떤 유명 예능인이 "음악이나 미술 같은 건
아마추어가 듣거나 봐도 잘 모른다. 미술가 같은 사
람이 이 그림이 멋지다고 말하면 그런가 보다 하고
생각한다. 예술의 세계에는 프로가 있고 그런 사람들
이 어떤 작품이 좋다고 판단한다. 그런데 '개그 프로'
가 재미있다고 말하면 일반인들에게 전혀 통하지 않
는다. 그래서 TV에서 개그를 할 때는 웃음의 수준을
엄청나게 낮춰야 한다는 점이 안타깝다"와 같은 말을
했어요. 왜 개그만 우리 프로들이 재미있다고 해도
알아주지 않느냐고요. 저는 이것 역시 '놀라움'이 지
나치게 크기 때문이라고 생각합니다.

삶의 '틀'을 조정하는 것은
행복점을 찍어가는 여정

이시카와 틀을 설정하는 것은 개인화도 할 수 있습니다. 대인 관계를 맺는 방식 등에서 찾을 수 있죠. 예전에 장난 감 개발자와 대담을 한 적이 있는데, 이분이 굉장히 몸이 약해요. 그래서 어릴 때부터 괴롭힘을 당했고 장난감 기획 일을 하면서도 상사나 거래처를 대할 때 어려움이 많았다고 합니다.

요시다 몸이 약하면 그럴 수 있지요.

이시카와 그러다가 상품 하나를 히트친 다음에 1년 반 정도를 쉬었어요. 너무 애를 많이 쓴 거죠. 그때부터 그분은 첫 만남에서 친해질 수 있을지 없을지 파악하는 습관 이 생겼다고 해요. 친해질 수 있을 것 같은 사람이면 마음을 열고 대하니 이야기가 순조롭게 흘러가고, 그 렇지 않으면 내 인생에서 중요한 일이 아니라고 생각 하고 신경 쓰지 않고 편하게 말한다고 해요.

요시다 어느 쪽이든 상대방에게 자신의 의견을 말할 수 있는 방법이네요.

이시카와 　맞아요. 이런 방식이면 어떤 상황에서도 긴장하지 않
겠죠. 이분은 고등학교 때까지 같은 학교 학생들에게
괴롭힘을 당했고 돈도 빼앗겼다고 해요. 하지만 괴롭
히는 아이들과도 친하게 지내려고 했던 것 같습니다.

요시다 　이제는 모두와 친할 수는 없다고 깨달은 거네요.

이시카와 　평생의 친구와 그렇지 않은 사람. 이 둘밖에 없다고
생각하니 모든 것이 편해진 거죠. 이런 시도가 굉장
히 재미있다고 생각했어요. 이런 것을 하나하나 발견
해가는 것이 바로 인생이라고 생각합니다.

요시다 　네, 나름의 방식을 찾아 '틀'을 미세하게 수정해나가
는 거군요. 건강한 삶을 위해서요.

　　　　저는 독서를 할 때 저 나름의 틀을 가지고 있어요. 보
물찾기를 한다는 기분으로 읽으면 전혀 지루하지 않
고 지치지도 않죠. 지루한 책도 '왜 이렇게 재미가 없
을까?' 하고 생각하면 흥미로워집니다. 모든 일을 보
물찾기를 하는 기분으로 하면 좋을 것 같아요.

이시카와 　호기심을 유지할 좋은 방법이네요. 공부하려는 마음
으로 읽으면 인내심 테스트처럼 느껴지기 쉽죠.

사람을 만날 때 평생의 친구와 그렇지 않은 사람.
이 둘밖에 없다고 생각하니 모든 것이 편해진 거죠.
이런 시도가 굉장히 재미있다고 생각했어요.
건강한 삶을 위해 나름의 방식을 찾아
'틀'을 조정하는 게요.

요시다 그러면 이해하려고 하지 않아도 되나요?

이시카와 음, 이해는 하는 편이 좋지 않을까요? 어느 정도는 이해하는 방법을 익힌 사람만 이렇게 하는 편이 좋다고 생각해요.

요시다 이해하는 방법을 익힌 사람?

이시카와 어떤 일에도 역시 '틀'이라는 것이 있어요. 요시다 씨도 신입 아나운서 시절에 아나운서로서 말하는 방법을 습득했을 거예요.

요시다 맞아요, 그랬었죠.

이시카와 그러다 점점 말을 빨리하는 방법 등을 통해서 '틀'에서 벗어나 개성을 만들어갔겠죠. 그런 식으로 어느 정도 기본 틀을 익힌 다음 자신만의 틀을 만드는 게 좋다고 생각합니다.

저는 최근에 논문 대신 교과서를 읽고 있어요. 교과서도 하나의 '틀'이죠. 정기적으로 교과서를 읽으면서 무엇이 베이스인지 확인합니다. 교과서도 꽤 재밌어요. 나의 베이스라고 생각했던 것이 쓰여 있으면 기쁘기도 하고, 틀리지 않았다는 생각을 하기도 합니다. 전혀 달라도 그건 그거대로 재밌고요.

행복하려는 '의지'가
행복한 결과보다 소중해

이시카와   '진실을 봤다는 확신보다 진실에 다가가고 있다는 감
각이 훨씬 중요하다'는 말이 있습니다. 저명한 과학
자가 한 말이죠. 그는 이 말을 평생 신조로 삼았는데
이 과학자의 선진적인 연구는 과학자가 살아있을 당
시 아무도 이해해주지 않았어요. 지금은 그가 주장한
것이 옳았다는 사실이 밝혀졌지만요.

요시다   너무 앞서 나갔던 건가요?

이시카와   맞아요. 당시에는 누구도 이해하지 못했고 '저 사람
은 이제 끝났다'라는 말이 돌았죠. 하지만 그는 자신
이 진실에 다가가고 있다는 감각이 진실을 이해했다
거나 밝혔다는 확신보다 강력하다고 믿었어요. 그러
니까 결과적으로 세계가 변하든 변하지 않든 별 상관
이 없었던 거죠.

요시다   바꾸려고 하는 의사가 중요하다는 거군요.

이시카와   저는 인생이 바로 이런 거라고 생각해요. 결국 자신

이 어떤 생각을 믿는지가 중요한 거죠. 내가 지금처럼 열심히 해도 행복에 도달하지 못할 수도 있고 세상이 변하지 않을 수도 있어요. 하지만 그런 건 아무래도 좋고, 자신이 행복에 다가가고 있다는 확신만 있다면 기쁘게 나아갈 수 있어요.

요시다   그렇군요. 마치 경기 같네요. 저도 그래요. 지금은 '라디오를 잘 진행하고 싶다'는 생각이 가장 크지만, 나아가서 더 많은 것을 좋게 만들고 싶다는 생각도 있어요. 개선의 대상은 뭐라도 좋아요. 단 지금으로써는 그 대상이 라디오인 거죠.

이시카와   '개선'은 참 재미있는 말이에요. 무엇이 좋은 것인지 다시 생각해보게 하는 말이니까요.

요시다   개선하고 싶다는 마음은 모두가 가지고 있을 거예요. 다만 무엇을 개선할지 찾기 어려울 뿐이죠.

인생은 바로 이런 거라고 생각해요.
어떤 생각을 믿는지가 중요한 거죠.
내가 지금처럼 열심히 해도
행복에 도달하지 못할 수 있고
세상이 변하지 않을 수도 있어요.
하지만 그런 건 아무래도 좋고,
자신이 행복에 다가가고 있다는 확신만 있다면
기쁘게 나아갈 수 있습니다.

세상을 바꾸기 위해
주변 30cm를 바꾸기

요시다   세상을 바꾸고 싶다고 생각해도 쉽게 소리를 내기가
        참 어렵습니다. 하다못해 내가 일하는 회사의 근무환
        경을 바꾸기도 어렵지요. 그건 회사가 정해놓은 규칙
        이니까요.

이시카와 무언가 자신의 '무기'가 될 만한 것을 가지고 있지 않
        으면 목소리를 내기 어렵죠.

요시다   맞아요. "개선하고 싶다!", "세상을 바꾸자!" 하고 말
        하기는 쉽죠. 하지만 세상을 바꾸는 데 구체적으로 어
        떻게 참여할 수 있을지 생각했을 때 '그거라면 내가
        할 수 있다'고 말할 무기가 필요합니다. 모두가 각각
        다른 무기와 목표를 가지고 있는 상태가 가장 좋다고
        여겨져요.

이시카와 매일의 목표 설정을 할 때는 두 가지 사고방식이 있
        어요. 하나는 목표와 현재 위치가 명확한 경우입니다.
        이 경우는 논리적으로 생각하면 목표 설정이 가능합

니다. 하지만 대부분의 경우는 일단 목표가 확실하지 않아요. 그러면 어디로 가는지 모른 채 직감을 믿고 전진하는 수밖에 없지요.

요시다 　수학의 도형 문제에서 보조선을 그을 때도 생각해보면 직감으로 하는 거예요.

이시카와 　직감이죠.

요시다 　그래서 직감을 갈고닦는다고 할까, 최종적으로 도달해야 할 목표는 모르지만 '갈 수 있을 거 같은데?'라는 감각을 가지는 것이 중요하다고 생각해요.

이시카와 　수학자에게는 '애초에 나는 이 문제를 풀 수 있는가, 없는가'를 직감적으로 알아채는 능력이 중요하다고 합니다. 직감과 논리는 시소처럼 되어 있어서 직감이 높아지면 논리는 낮아지죠.

요시다 　반드시 상충관계에 있는 건가요? 저는 확실히 논리가 약한 거 같아요. 하루하루를 거의 직감으로 살아간다는 생각이 듭니다.

이시카와 　누구나 문제를 설정할 때는 직감을 이용해요. 그걸 해결해나갈 때 논리가 필요합니다. 예를 들어 현재 위치와 목표가 명확하더라도 장애물이 있어서 목표에 다가가지 못한다고 하면 이때는 전혀 상관없는 일을 하면 좋습니다. 그러면 '어? 이거랑 이건 이어져 있는데?' 하고 문제를 우회해서 푸는 방법이 생각날 때도 있어요. 논리적으로 해결되지 않을 때는 길을 좀 돌아서 가는 거죠. 그것이 결과적으로는 지름길이 되기도 합니다.

예전에 수학계의 최대 난제였던 '페르마의 마지막 정리'도 그런 식으로 풀렸어요. 이걸 증명한 사람은 앤드루 와일스(Andrew Wiles)라는 수학자인데, 이 사람은 원래 페르마의 마지막 정리를 증명하고 싶었지만 그 분야의 연구로는 먹고살기가 힘들었다고 해요. 그래서 타원곡선이라는 페르마의 마지막 정리와는 전혀 관계가 없는 분야를 연구하다가 그 분야에서 최고의 권위자가 되었어요. 그러던 어느 날 '어? 타원곡선과 페르마의 마지막 정리가 연결되어 있잖아? 그러면 풀 수 있겠다!' 하는 발견을 하고 그전까지 맞다고 생각하던 길과는 전혀 다른 길로 가서 증명을 해냅니다. 그러니까 다른 길을 간다고 생각했지만, 사실은 그 길이 가장 빠른 지름길이었던 거죠.

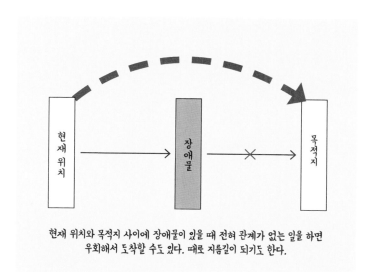

현재 위치와 목적지 사이에 장애물이 있을 때 전혀 관계가 없는 일을 하면 우회해서 도착할 수도 있다. 때로 지름길이 되기도 한다.

요시다　점점 앞으로 나아가다가 페르마의 마지막 정리에 도달한 거네요.

이시카와　전혀 다른 길처럼 보여도 사실은 이어져 있었던 거죠.

요시다　미시적인 변화가 거시적인 변화로 이어지는 경우도 있어요. 살기 좋은 사회를 만들자는 이야기가 나오면 대부분 선거에 나가서 법을 바꾸려고 해요. 하지만 방법은 그것만 있는 것이 아니에요. 주위의 반경 30cm를 바꾸는 것으로도 세상을 바꿀 수 있어요. 그

런 생각을 도입하면 결과적으로 세계가 더 살기 좋아

질 것 같아요.

이시카와   '세계를 바꾸고 싶다고 생각한다면 먼저 내가 바뀌면

된다'라는 말이 있죠. 내가 바뀌면 세상도 바뀝니다.

자신의 시점을 바꾸는 순간, 변화가 시작되니까요.

미시적인 변화가 거시적인 변화로 이어지는 경우도 있어요.

살기 좋은 사회를 만들자는 이야기가 나오면

법을 바꾸려고 해요.

하지만 주위의 반경 30cm를 바꾸는 것으로도

세상을 바꿀 수 있어요.

내가 속한 나의 세계를 시작으로요.

진짜 원하는 것을 찾을 때까지
차근차근 행복점 찍기

요시다   결국 자신의 감각, 직감에 따르는 것이 결과도 좋고 이해도 쉬운 것 같아요. 하지만 그렇게 하기 위해서는 자신이 하고 싶은 일이 무엇인지 빨리 찾아서 언어화할 필요가 있어요.

이시카와   그건 정말 어려운 일이에요. 최근에 일본인 노벨상 수상자 데이터를 봤는데, 노벨상을 탈 정도의 핵심적인 연구를 시작하는 연령은 대부분 39, 40살 정도였어요.

요시다   생각보다 늦은 편이네요.

이시카와   아인슈타인 시절에는 학문이 발달하지 않았고 접하는 사람도 한정적이었기 때문에 젊은 사람들도 종종 나왔지만 지금은 아마 이 정도가 평균인 것 같아요. 사실 40살 정도가 되지 않으면 무엇을 하고 싶은지 확신하기 어려워요.

요시다   자기 자신이 말이죠?

이시카와   네, 젊은 시절의 경험을 통해서 아는 거죠. 내가 잘하
          고 좋아하는 일이 무엇인지를요. 그리고 40살 정도에
          정확한 길이 보이기 시작해서 50살 정도에 결심이 선
          다고 봅니다.

          다른 예를 들어보면 실리콘밸리의 기업가라고 하면
          젊은 학생이 학교를 중퇴하고 페이스북을 만들어서
          대성공을 거두는 이미지가 있잖아요. 하지만 실제 실
          리콘밸리의 투자가들은 "젊은 사람들이 사업을 시작
          한다는 게 사실 처참하기 그지없다. 실제로는 50대
          정도의 기술도 경험도 인맥도 전부 다 가진 아저씨가
          기업을 만드는 게 훨씬 성공률이 높다. 실제로 미국의
          투자가들도 거기에 투자한다"라는 말을 하더라고요.

요시다   50대가 사업에 성공할 확률은 낮지 않아요? 일단 체
          력도 안 되고 젊은 사람들의 감각도 알아채기 어렵잖
          아요.

이시카와   그쪽이 오히려 높다고 합니다. 요시다 씨가 말한 장
          점은 없을지 몰라도 다양한 경험과 위험을 돌파하는
          능력은 갖췄으니까요. 또 정말 자신이 잘하고 원하
          는 일을 확신을 갖고 시작한다는 결정적 한 수가 있

고요.

요시다 지금 말을 들어보면 그럴 거 같아요. 한 생명보험회사의 CEO도 사업을 시작하기에 적절한 시기는 50세 정도라고 말한 적이 있어요. 생명보험회사 CEO다운 말이라고 생각합니다. 인생의 전환점을 50세 정도로 보면 그때까지 쌓아온 경험이 있으니 다양한 리스크를 계산할 수 있을 거라고 했어요. 여유도 생기고요. 그래서 50살 정도가 가장 회사를 만드는 데 적절한 나이라고 말한 거죠.

이시카와 동의합니다. 충분히 경험해보지 않고는 자신이 무엇을 하고 싶은지 어떻게 알겠어요.

요시다 이건 직업 선택과 삶의 방식에 관련된 이야기네요.

이시카와 어떤 시점에서 '자신의 인생'을 시작할지는 '결정'의 문제라고 생각합니다. 저는 50세 정도가 좋다고 생각해요. 인생, 진짜 길잖아요. 50살까지는 좋아하는 것, 싫어하는 것, 아무래도 좋은 것 등등 여러 가지를 다 해보면서 삶의 폭을 넓히다가 50살이 되어서 '커넥팅 더 도트'를 하면 좋지 않을까 생각합니다.

요시다 커넥팅 더 도트?

이시카와   '점(도트)을 잇는다(커넥트)', 자신의 인생을 되돌아보면서 각각 따로 존재하는 흥미나 관심(도트)을 이어보는 거죠.

요시다   그렇군요. 결국은 분명 다 이어질 테니까 우선은 점을 늘려가는 게 좋겠네요. 50세 정도가 되면 점을 더 이상 늘릴 필요가 없다는 거죠?

이시카와   맞아요. 그때는 잘 이어가는 것이 필요합니다.

'자신의 인생'을 시작할지는
'결정'의 문제라고 생각합니다.
저는 50세 정도가 좋다고 생각해요.
50살까지는 좋아하는 것, 싫어하는 것, 아무래도 좋은 것 등
여러 가지를 다 해보면서 삶의 폭을 넓히다가
50살이 되어서 '커넥팅 더 도트'를 하면 좋지 않을까 생각합니다.
'점(도트)을 잇는다(커넥트)',
자신의 인생을 되돌아보면서 따로 존재하는
흥미나 관심(도트)을 이어보는 거죠.

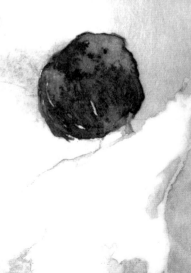

나만의 행복 리스트를
'만드는' 것이 시작점

이시카와   후배 중에 야심으로 똘똘 뭉친 남자가 있어요. A라고 부를게요. A는 지금 영국에 있는데, '경(Sir, 영국의 작위)'을 목표로 하고 있어요.

요시다   '경'이 되고 싶다고요? 기발합니다. 어떻게 그런 결심을 하게 됐죠?

이시카와   특별히 되고 싶은 이유도, 되어서 하고 싶은 일도 없어요.

요시다   이유가 없다는 게 재미있네요.

이시카와   그 친구의 인생에서 결정의 순간이 올 때면 '이것이 경이 되는 데 도움이 되는지'가 기준이 됩니다. 옥스퍼드대학교에 가서 골프부에 들어가는 것 같은 행동도 전부 '경'이 되기 위해서입니다.

요시다   '콘셉트'를 가진 사람이네요. 목표가 있다면 어려운 일도 잘 극복할 수 있겠지요. 하지만 분명 평범한 콘셉트는 아닙니다.

이시카와   이걸 다른 식으로 표현한다면 인생 전반을 지지하는 거대한 '이상향'이 있다는 겁니다. '나를 넘어선 것'으로 향하는 행위는 굉장히 보람 있고 행복감도 느껴요. 이것은 꿈과는 다른 것이지요. 쉽게 풀면 가치관이라고도 할 수 있고요.

요시다   콘셉트가 있는 편이 삶을 살아가는 데 도움이 되겠지요. 콘셉트를 정하기 위한 방법도 여러 가지가 있어요. '경'이 되고 싶은 A와 같이 목적추구형이 있는 반면 가장 신나는 일을 추구하는 감각추구형도 있어요.

이시카와   목적추구형은 넘버원이 되는 삶의 방식을, 감각추구형은 온리원이 되는 삶의 방식을 추구하는 거죠. 그런데 넘버원도 온리원도 아닌 사람들은 어떻게 하면 좋을까요?

요시다   '무엇이 된다'까지는 이루지 못해도 '되기까지의 과정'을 즐길 수 있다면 괜찮지 않을까요? '즐김'을 느낄 수 있는 사람이 수백만 명이나 있다면 그곳은 분명 좋은 사회일 거예요.

이시카와   그러려면 실행력이 필요합니다. 'PDCA(계획Plan / 실행 Do / 점검Check / 행동Act)'라는 것이 있지 않습니까? 이 중에서 가장 어려운 게 무엇이라고 생각하세요?

요시다   계획?

이시카와   체크리스트를 만드는 일이라고 생각합니다. 체크리스트만 만들면 다음 액션을 결정할 플래닝도 가능합니다. 이 PDCA는 비즈니스에서 흔히 쓰고 있지만 자신이 행복하게 살기 위한 방법론으로도 사용할 수 있습니다. 앞에서 '감정 체크리스트' 이야기도 했지만, 많이 만들어보면 좋을 것 같은데 의외로 하지 않지요.

요시다   왜 만들지 않을까요?

이시카와   행복하게 사는 것에 사실 크게 관심이 없기 때문이라고 생각합니다. 관심이 있는 것은 '오늘이라는 하루를 어떻게든 잘 넘기는 것'입니다. 그래서 일의 투두 리스트는 만들지만 행복을 위한 체크리스트는 만들지 않아요.

목적추구형은 넘버원이 되는 삶의 방식을
감각추구형은 온리원이 되는 삶의 방식을 추구하는 거죠.
그런데 넘버원도 온리원도 아닌 사람들은 어떻게 하면 좋을까요?

'무엇이 된다'까지는 이루지 못해도
'되기까지의 과정'을 즐길 수 있다면 괜찮지 않을까요?

내 묘비명을 생각하면
살아갈 이유를 찾을 수 있어

요시다   콘셉트는 '계명(戒名, 죽은 사람에게 붙여주는 이름)'이라고도 말할 수 있어요. 미우라 준(일본의 일러스트레이터 · 작가 · 뮤지션) 씨가 '길고 굵게 살기 위해 중요한 것은 계명을 스스로 정하는 것', '계명이란 자신의 캐치프레이즈'라고 말했죠.

이시카와   A도 묘비명을 정했다고 해요. '경을 사랑하고 경에게 사랑받은 남자. Sir.A'라고요. 이렇게 묘비에 뭐라고 쓸 것인지, 계명을 뭐라고 지을 것인지 역산해보는 것도 좋은 것 같아요. 하지만 사람들은 대부분 이력서 경력란에는 뭐라고 쓸지 고민하면서 묘비명은 생각하지 않지요.

요시다   저는 뭐라고 쓰면 좋을까요? '재미있게 살다간 사람, 여기에 잠들다'라고 써줬으면 좋겠네요.

이시카와   유쾌한 수다쟁이 씨는 어떤가요?

요시다   그것보다 '아직 할 말이 많은 사람, 여기에 잠들다' 정도가 좋겠네요. 이렇게 보니 묘비명이 블로그 이름처럼 느껴집니다.

이시카와   비슷하죠. 그런데 일생의 테마를 정하려고 하면 결정하기 어렵기 때문에 일단 '이번 달의 테마'부터 정해보는 것도 좋을 것 같아요. 콘셉트 같은 건 결정의 문제이기 때문에 일단 만드는 편이 좋아요. 그렇지 않으면 사람은 원래대로 자기가 보고 싶은 것만 보고 자신에게 유리한 정보만 모으게 될 거예요. 이런 편향을 제거하기 위해서라도 꿈, 목표, 의지, 체크포인트 등을 가지고 있으면 좋습니다. 이 외에 편향을 제거할 방법이 크게 없거든요.

요시다   저는 '꿈'이라는 말을 쉽게 사용하는 게 정말 싫었어요. 자신에게 도움이 되는 욕망을 아름답게 포장하고 검증도 거치지 않은 채 마치 당연한 것처럼 말하곤 하니까요. 실현해야 할 비전이 멋지기 때문에 꿈을 가지는 게 아니라 목표가 있으면 눈앞의 아무래도 좋았던 일들이 의미를 가지기 시작합니다. 미래를 위해서 꿈을 가지는 것이 아니라 '지금, 여기'의 의미를 확대하기 위해 꿈을 가질 필요가 있어요.

'꿈'은 자신과 마주하여 자신의 안으로 깊이 파고들 때만 나타나기 때문에 상당히 예측불가능한 것이 많을 거라고 생각해요. 실현 가능성은 아무래도 좋습니다. 존경하는 방송작가 한 분이 계신데 그분은 항상 '훌륭한 연주자가 될 거다'라고 말하면서 엄청나게 바쁜데도 음악 활동을 꾸준히 하고 있어요. 냉정하게 말해서 그 분은 재능도 시간도 없어요. 하지만 그 목표는 그분에게 무한한 동기부여가 됩니다.

그런데 묘비명을 생각하니 '삶'과 '죽음'에 대해서도 다시 생각해보게 됩니다. 도대체 왜 사는 걸까요? 태어나서요?

이시카와   '삶' 자체에서 의미를 찾으려고 하면 누구도 답이 없습니다. 종교적으로 해석하지 않는다면요. 또 인간에겐 죽음이 기다리고 있으니 '어차피 다 끝나는데 이렇게 애쓸 필요 있나?'하고 생각하면 더 의미를 찾기 어렵죠. 그런 시각으로 말하자면 살아가는 것에 큰 의미가 없을지도 모릅니다.

요시다   예전에 한 영화감독이 '의미가 있다거나 없다거나 하는 것은 둘째 치고 산다는 것에 의미가 있는지는 일단 살아보지 않고는 알 수 없다'란 말을 했어요. 맞는 말인 거 같아요.

이시카와 깊은 뜻이 담겨 있는 말인데요? 저는 불교계 학교에 다녔는데 '삶의 의미 따윈 없다고 생각하고 살아봐. 어때?'라고 하는 기조가 있었죠. 그러다 보니 항상 모든 것을 '없다'고 여기는 자세가 자연스럽게 굳어진 건지도 모릅니다. 매일 같이 보고, 함께 일하는 사람이라도 내일은 없을지도 모른다고 항상 생각해요. 그렇게 하면 인생이 심드렁해지느냐, 또 그렇지도 않아요. 재미있는 일입니다. 지금 이 '순간'에 나와 함께 하고 나의 감각으로 느끼는 것에 감사하게 되니까요. 저는 그것이 행복이 아닐까 생각해요. 아주 일상적이고 편안한 행복이죠.

항상 모든 것을 '없다'고 생각하며 삽니다.

그렇게 하면 인생이 심드렁해지느냐, 또 그렇지도 않아요.

재미있는 일입니다.

지금 이 '순간'에 나와 함께하고

나의 감각으로 느끼는 것에 감사하게 되니까요.

저는 그것이 행복이 아닐까 생각해요.

아주 일상적이고 편안한 행복이죠.

에필로그

나만의 행복을 찾아내고 가꾸길 소망하며

요시다 씨와는 친구의 소개로 우연히 만났다.

그날 우리는 개그에 대한 이야기를 나누었고 자리는 유쾌했다.

당시 나는 요시다 씨가 아나운서라는 사실을 모른 채

'참 재미있는 사람이네. 또 만나고 싶다'고 생각했다.

그러다 얼마 후 두 번째 만남의 기회가 찾아왔다.

"이시카와 씨, 라디오의 미래에 대해 상담할 게 있어요."

'왜 라디오지?' 하고 의아하게 생각하면서 이야기를 하다 보니

요시다 씨는 라디오 진행자였다.

그렇게 인연이 이어져 이렇게 책도 내게 되었다.

이렇게 다시 되돌아보니

인생이란 정말 인연으로 만들어지는 것이라는 생각이 든다.

더 정확하게 말하면
인연에 휘둘리면서 살아가는 것이 '나'라는 생각이 든다.

물론 그렇지 않은 방식을 택하는 사람도 있다.
어떤 사람들은 종종
자신에게 도움이 될 사람을 골라 만난다.
정서적으로나 직업적으로나 도움이 될 사람들을
만나고 싶어 한다.
그런 사람을 볼 때마다
'나에게도 저렇게 강렬하게 원하는 무언가가 있었으면 좋겠다'는
동경에 가까운 마음도 든다.
하지만 안타깝게도 나에게는 그런 것이 없다.

그래서 만나는 사람과의 연연을 소중히 하면서
살아갈 수밖에 없다.
그런 의미에서 이 책의 주제이기도 한
'어떻게 하면 행복해질 것인가?'라는
문제에 대해서 다음과 같이 대답할 것이다.

인생을 인과因果가 아니라 인연因緣으로 생각할 것

인생을 인과로 생각한다면
원인과 결과를 인식하면서 사는 것이다.
반면 인생을 인연으로 생각하는 것은
어디로 향하는지 모른 채
만남이라는 인연을 쌓아가다 보면
언젠가는 어딘가에 도착할 것이라 여기며 사는 것이다.
나처럼 야망이 없는 사람은 이쪽이 살기 편하다.

요시다 씨를 생각하면
'인과'와 '연연'이 굉장히 잘 양립된 사람이라는 생각이 든다.
"라디오를 더 재밌게 만들고 싶다!"

"기분 좋게 살고 싶다!"
이렇게 명확한 '결과'를 향해 돌진하면서도
한편으로는 나와 같은 연구자와의 '인연'도
소중하게 생각한다.
그런 그가 가끔은 부럽기도 하다.

하지만.
인간의 기본적인 본성은 아마도 변하지 않을 것이다.
나는 인과를 중요하게 생각하는 사람도,
인연과 인과를 동시에 품고 있는 사람도 될 수 없다.
어디로 가는지 알지 못한 채 불안해하면서도
매일의 인연을 소중하게 생각하며
방황하는 인생을 살 수밖에 없다.

책을 펴내며 이 사실을 새삼스럽게 다시 깨달았다.
아마도 독자들도 '어쩔 수 없는' 본성이 있을 것이다.
원인과 결과를 중요하게 여긴다거나
인연을 중요하게 여긴다거나…….
그것은 노력으로 조정 가능한 것이 아닌

날 때부터 타고난 천성 같은 것이다.
그래서 각자 행복을 느끼는 지점도
행복을 만들어가는 방식도 다를 수밖에 없다.
중요한 것은 어떠한 매뉴얼이 아니라
자신만의 방식을 '찾아'내고
그것을 가꿔가는 것이다.
그 길에 이 책에서 말한 '과학적 데이터'가
조금의 도움이 되길 바란다.

독자들이 이 책을 읽으면서 어떤 감정을 느꼈을지 궁금하다.
그리고 이 책이 독자들에게 부디 좋은 인연이 되길
조심스럽게 기대해본다.

도쿄에서

이시카와 요시키